WHEN HISTORY MEOWS

고양이가 중국사의 주인공이라면

[하, 상, 서주 편]

페이즈(肥志) 편저
하은지 옮김, 송은진 감수

Bunny on the Moon

서문

만일 역사의 주인공이 고양이들이라면 과연 어떤 모습일까? 아마 수많은 사람의 머릿속에 다양한 생각이 떠오를 것이다. 하지만 페이즈의 만화를 보고 나면 하나같이 '교과서가 이렇게 재미있었다면 학교 성적이 두 배로 올랐을 텐데!'라는 생각이 들 거라는 것은 장담할 수 있다. 그의 작품을 본 네티즌들이 '좋아요'를 누르며 남긴 말이지만, 실제로 그의 만화가 얼마나 재미있는지, 매력적인지를 충분히 설명해주는 대목이다.

'고양이가 사람으로 변한다면?'이라는 상상은 저자가 오랫동안 생각해온 참신한 소재이자 노력을 통해 나타난 영감의 결과물이다. 귀여운 고양이들을 통해 다채롭고 흥미로운 중국 역사 이야기를 접할 수 있고, 전문적인 지식과 문화적 요소를 담은 내용을 보면 아무리 까다로운 독자라도 자연스럽게 고개를 끄덕이게 될 것이다. 독자 중에는 역사 선생님이나 고대 중국어 선생님의 추천을 받아 읽게 되었다는 학생들이 적지 않다.

실제로 '까다로운' 독자들을 만족시키기 위해 저자는 이번 작품에 심혈을 기울였다. 중국 역대 왕조의 정통 역사로 인정되는 이십사사(二十四史)

는 물론이요, 정사뿐 아니라《전국책(戰國策)》,《국어(國語)》,《좌전(左傳)》,《죽서기년(竹書紀年)》 등의 역사 서적을 참고했다. 또한《맹자(孟子)》,《한비자(韓非子)》,《여씨춘추(呂氏春秋)》,《회남자(淮南子)》 등의 백가 학설도 참고했다.《황제문화지(黃帝文化志)》,《하상주사사고증여단대(夏商周史事考證與斷代)》,《중국조기국가사화(中國早期國家史話)》 등 연구 서적 및 CCTV의《국사통감(國史通鑑)》과 인민교육출판사의《고등학교 과정 표준 교과서·필수 역사》 등의 관련 자료를 참고해 정확한 역사적 사실을 증명하고 실으려 노력했다. 더 중요한 것은 단순히 이러한 사료들을 마구잡이식으로 집어넣은 것이 아니라, 대량의 소재를 확실하게 소화하고 흡수해서 만화 속에 그대로 녹여냈다. 이 책은 해학적이면서 유머러스한 필체를 통해 역사 수업을 교실 밖으로 끌어내 만화를 좋아하는 일반 독자들뿐만 아니라, 중국의 역사를 한층 더 이해하고 싶은 독자들에게까지 만족을 줄 수 있을 것이다.

참신한 형식으로 자연스럽게 표현한 저자의 만화는 생동감 넘치면서 부드럽고 섬세하다. 오락적인 요소와 문화적인 요소를 함께 담아내면서 만화의 본질을 놓치지 않은 그의 작품이 많은 독자에게 귀감이 되길 바란다.

진청(金城)*

* 광저우시 애니메이션예술인협회 주석,
광동성 애니메이션예술인협회 주석.

차
례

제 1 장

●

중국 고대 문명의 시작

아주 오랜 옛날, 하늘과 땅이 있기 전에

우주는 마치 거대한 알과도 같은 모양이었어.

'천지가 어지러우니
그 형상이 달걀과
같더라.'
《예문유취(藝文類聚)》[1]

우주

그 거대한 알 안에는
거대한 고양이가 잠들어 있었는데,

'그 안에
반고(盤古)[2]라는 자가
있었으니'
《예문유취(藝文類聚)》

어느 날, 그 고양이가 깨어났어!

고양이가 알에서 나오자
알의 깨끗한 물질은 하늘로 변하고,
지저분한 물질은 땅이 되었지.

'세상이 처음으로
생기니 맑은 것이
하늘이 되고,
어둡고 흐린 것이
땅이 되더라.'
《예문유취(藝文類聚)》

---

1) 당(唐)나라 구양순(歐陽詢) 등이 임금의 명령으로 만든 백과사전 형태의 책. – 역주.
2) 중국 신화에서 천지를 창조한 신. – 역주.

그리고 고양이의 몸은
세상에 있는 모든 것으로 변했어.
(그렇게 세상이 만들어진 거야.)

'반고가 죽자
그의 뼈는
산과 숲이 되고,
육체는 변해서
강과 바다를 이뤘으며,
피가 변해서
회하(淮河)[3]가 되고,
모발이 변해서
풀과 나무가 되었다.'

《광박물지(廣博物志)》[4]의
《오운역년기(五運曆年紀)》

그 후로 수만 년이 지나자

'1만 8,000년이 지나니
하늘이 더욱 높아지고,
땅은 더욱 깊어졌다.'
《삼오역기(三五歷紀)》[5]

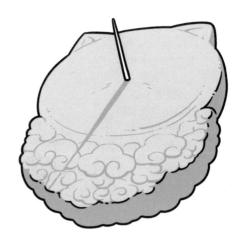

땅 위에 엄청나게 많은 고양이가 나타났어!

시간이 흐르면서 그들은 살아남기 위해
서로 나뉘어 부족을 만들어 살게 되었지.

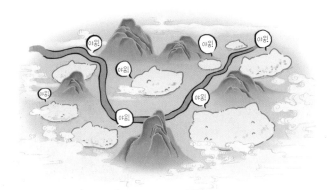

그중에서도 세 마리가
각각 부족을 이끌며 힘을 키웠는데

---

3) 중국 동부 화북지구와 화동지구의 경계를 흐르는 강. - 역주.
4) 명나라 동사장(董斯張)이 쓴 것으로 전해지는 저서. - 역주.
5) 오나라의 서정(徐整)이 지은 책으로 반고(盤古)의 신화를 전하고 있다. - 역주.

첫 번째는 동물을 사랑한
북쪽의 황제 고양이!

황제
黃帝

헌원씨(軒轅氏)
희성마을,

'황제 마을은
연산(燕山) 서북부의
상간하(桑干河) 유역에
자리했다.'
'CCTV 과학으로 가는 길'
총서《신비롭고 쓸쓸한
황제의 도시(神祕幽寂的皇城)》

두 번째는 농사를 사랑한 서쪽의 염제 고양이!

'염제 마을은
하남(河南) 및
하북(河北) 남부 지역에
자리했다.'
'CCTV 과학으로 가는 길'
총서《신비롭고 쓸쓸한
황제의 도시(神祕幽寂的皇城)》

염제
炎帝

신농씨(神農氏)
강성마을,

그리고 전쟁을 좋아한
동쪽의 치우 고양이가 있었어.

치우
蚩尤

구려마을

'구려족의 마을은
산동(山東)과 하북(河北),
하남(河南)의 경계에
있었다.'
(중심은 산동의
곡부(曲阜)였음)
'CCTV 과학으로 가는 길'
총서《신비롭고 쓸쓸한
황제의 도시(神祕幽寂的皇城)》

호기심과 학구열이
가득했던 염제는

식물의 속성을 알아내기 위해
온갖 풀을 다 먹어봤는데
(그냥 먹보인 것 아냐?)

'염제는 곧 신농씨였다.'
《세본(世本)[6]·
제계편(帝系篇)》 중

'(신농은) 온갖 풀과
샘물의 달고 쓴맛을
맛보았다.'
《회남자(淮南子)[7]》 중

그러던 어느 날, 먹을 수도 있고, 심을 수도 있는
'조'를 발견하게 되었어!

'신농 시대에
비가 내리면
밭을 갈고
조를 심었다.'
《예문유취(藝文類聚)》

6) 중국 진나라 때 사관들이 편찬한 책. 전설상의 황제(黃帝)부터 춘추 시대까지 제왕(帝王)의 세계와
성씨, 행적과 발명품 따위를 정리했으나 유실되었다. – 역주.
7) 한 고조(漢高祖)의 손자인 회남왕 유안이 식객으로 데리고 있던 학자와 문인들을 시켜 지은 책. – 역주.

그 과정에서 각종 독초와 약초를
함께 발견하게 되었지.

'신농은 약초를 발견해
사람들을 구했다.'
《세본(世本)》

'(신농씨는) 하루에 독초를
70개나 찾아냈다.'
《회남자(淮南子)》

게다가 염제는 농사를 더 잘 짓기 위해서
뇌사(耒耜, 쟁기)와 같은 농기구까지 발명했어.

'신농씨는 나무를 패고
다듬어 뇌사를 만들어
사용하고, 이를
세상에 널리 퍼뜨렸다.'
《역경(易經)⁸⁾·계사(系辭)》

덕분에 다른 부족들이 여전히
수렵이나 채집을 하다가
'봉변'을 당하는 동안

염제 부족은 식량과 약초에 힘입어 수명이 길어졌지.

학구파인 염제에 비하면
'사촌'인 황제는 활동적이었어.

'황제와 염제는
원래 같은 부족에서
갈라져 나왔기 때문에
먼 친척 사이다.'

'CCTV 과학으로 가는 길'
총서《신비롭고 쓸쓸한
황제의 도시(神祕幽寂的皇城)》

야옹!

동물을 탐구하는 것을
제일 좋아한 황제는

---

8) 유교의 경전(經典) 중 3경(三經)의 하나. – 역주.

짐승을 길들여 가축으로 삼고
바퀴와 수레까지 발명했지.

'황제는 짐승을 길들였다.'
《태평어람(太平御覽)》,[9]

'황제는 곰과 큰곰, 늑대와 표범,
호랑이 부족을 다스리고,
독수리와 산새, 매와 솔개 부족을
길들여 힘을 발휘했다.'
《열자(列子)[10]·황제》,

'황제는 배와 수레를 만들어
불편함을 해결했다.'
《한서(漢書)》[11]

주변의 작은 부족들이 하나둘 황제를 따르기 시작하면서
그의 부족은 점점 북쪽의 강력한 부족으로 성장했어.

'제후들이 모두 따르더라.'
《사기·오제본기(史記·五帝本紀)》

야옹!!!

한편 저 먼 동쪽에는 '전쟁을 잘하는 부족'이 살고 있었는데

대장 치우는 타고난 성격이 매우 용감하고

무기를 만드는 데
뛰어난 재주가 있었지.

다른 부족들이
여전히 석기로 나무를 벨 때

'치우 이전 시대에는
나무를 깎고 다듬어
전쟁에 나갔다.'
《여씨춘추(呂氏春秋)》

---

9) 중국 송나라 때 이방이 편찬한 백과사전. – 역주.
10) 도교의 주요 경전 중 하나. – 역주.
11) 중국 후한시대의 역사가 반고가 저술한 기전체의 역사서. – 역주.

치우는 부족을 다스리며
칼로 고양이들의 목을 베기도 했어.

'치우는 금속으로
병기를 만들었다.'
《세본(世本)·작편(作篇)》

이렇게 세 부족은 힘을 키우면서
살아남기 더 좋은 중원 지역으로
이동하기 시작했는데

그러던 어느 날,
황제 고양이는
갑작스러운 보고를 받았어.

상처투성이가 된 염제가
자기 부족을 데리고
황제를 찾아온 게 아니겠어?
(상처는 왜?)

알고 보니 중원 지역으로
이동하던 중 치우에게
공격을 당한 거였어.

염제는 황제와 연합해
치우를 몰아내고 싶었어.

> '전해지는 이야기에 따르면
> (황제는) 남쪽으로
> 세력을 확장하던 중
> 염제와 연맹을 맺었다.'
> 먼쿠이(門窺)
> 《이십육사정요사전
> (二十六史精要詞典)》

황제는 이 말을 듣고
매우 기뻐했어.

그런데 누가
대장을 하지?

이에 둘은 '말보다 주먹'의
원칙에 따라

판천(阪泉)에서 대결을 벌였고

'황제는 염제와 판천의
들에서 싸움을 벌였다.'
《사기(史記)·
오제본기(五帝本紀)》

(판천에서 벌어진 전투)

결국 '온순한' 염제가 패배하고 말았어.

'(황제는) 세 번의 전쟁 끝에
뜻을 이루었다.'
《대대례(大戴禮)》[12]

12) 공자(孔子)의 72제자(弟子)의 예에 관(關)한 설을 모은 책. – 역주.

하지만 싸움에서 이긴 후에도
황제는 염제에게 잘 해주었고

이에 감동한 염제는
자신의 농사 기술을
황제에게 알려주었지.

그렇게 둘의 노력으로 새로운 연맹이 성립되었고
이것이 중화민족* 탄생의 시작이 되었어.

'판천 대결'은 세 번에 걸쳐
진행되었지만
잔혹한 죽음은 없었다.
대결 이후 하나로 힘을 모은
그들은 힘을 합쳐 '반란'을 일으킨
치우에게 맞서 싸웠다.'

리쉐친(李學勤)
《중국 고대문명과 국가의 형성연구》

* 중화민족은 화하민족(華夏民族)이라고도 한다.

한편 염제와 황제의 연맹 소식을 들은 치우는
호시탐탐 그들을 쓰러트릴 기회를 노리고 있었지.

둘이 같은 편이
됐다고?

?!

'염황연맹이 중원으로 간 뒤
남쪽으로 점차 세력을 확장하면서
묘만(苗蠻) 집단이 사는
지역 경계에서 여러 차례
충돌이 발생했다.'

바이서우이(白壽彝)
《중국통사(中國通史)》

그렇게 양쪽이 전투태세를 갖추고 기다리는 동안

운명의 톱니바퀴는 굴러가기 시작했어.

한쪽은 강력한 연맹을 맺은 연합군,
다른 한쪽은 싸움에서 늘 승리를 거두는 용맹군.

그들 사이에
어떤 일이 일어났을까?

이어서 계속

편집자의 말 ◇◇◇◇◇◇◇◇◇◇◇◇◇◇◇◇◇◇◇◇◇◇◇◇◇◇◇◇◇◇◇◇◇◇◇

《국어(國語)·진어(晉語)》에 기록된 것에 따르면 황제와 염제는 서로 형제 사이였다. 하지만 사실상 '염제'와 '황제'는 부족의 우두머리를 일컫는 칭호였을 뿐 특정 인물을 가리키는 말은 아니었다. 전해오는 이야기에 따르면 제1대 '염제'는 온갖 풀을 먹어본 신농씨(神農氏)였으며, 8대손인 유망(榆罔) 시대에 이르러서야 제1대 '황제'였던 헌원(軒轅)과 연맹을 맺었다고 한다.

한편 황제와 염제 부족은 5,500여 년 전 중국 신석기 시대의 앙소문화(仰韶文化)에서 갈라져 나온 반파(半坡) 문화와 묘저구(廟底溝) 문화의 뿌리라는 사실이 고고학자들의 연구를 통해 밝혀졌다. 이것이 염제와 황제 부족의 조상이 같으므로 먼 친척에 해당한다고 말하는 이유다. 이를 통해 전쟁이 일어났음에도 불구하고, 양쪽이 빠르고 순조롭게 융합해서 '염황 자손'의 공동 조상이 될 수 있었다.

염제 역-꽈배기   황제 역-물만두   치우 역-전병

참고 문헌 : 《예문유취(藝文類聚)》, 《광박물지(廣博物志)》, 《삼오역기(三五歷紀)》, 《세본(世本)》, 《회남자(淮南子)》, 《역경(易經)》, 《태평어람(太平御覽)》, 《열자(列子)·황제(黃帝)》, 《한서(漢書)》, 《사기(史記)》, 《여씨춘추(呂氏春秋)》, 《대대례(大戴禮)》, 'CCTV 과학으로 가는 길' 총서 《신비롭고 쓸쓸한 황제의 도시(神祕幽寂的皇城)》, 먼쿠이(門巋) 《이십육사정요사전(二十六史精要詞典)》, 리쉐친(李學勤) 《중국 고대문명과 국가의 형성연구》, 바이서우이(白壽彝) 《중국통사(中國通史)》

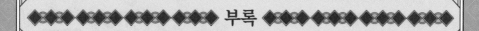

농기구의 시조 - 뇌사

뇌사는 선진(先秦) 시대의 농경 기구로 주로 밭을 고르는 데 사용했어. 보통 나무나 돌, 뼈로 만들었는데 사용법은 지금의 삽과 비슷했지.

'염제'와 '황제'

염제	황제
부족 대장	부족 대장

'염제'와 '황제'는 수장의 칭호였을 뿐 구체적인 두 인물을 가리키는 말이 아니야. 전해지는 이야기로는 1대 염제는 신농씨, 1대 황제는 헌원씨였다고 해.

염황연맹

염황연맹은 처음부터 존재한 게 아니야. 제8대 염제인 유망이 자리에 오른 뒤 제1대 황제인 헌원과 연맹을 맺은 거라고 해.

염제 / 8대 유망 / 황제 / 1대 헌원

야옹이들의 프로필

물만두 역할 소개

물만두, 양자리.

항상 웃는 얼굴을 하고 있다.
빛나는 태양처럼
활발한 기운이 충만하다.

주로 주연을 맡으며

황제   가보옥(賈寶玉)[13]   손오공

불의를 보면 참지 못한다.

개들은 내가
다 혼내줬어!

가장 좋아하는 음식은 치킨이고

축구를 좋아한다.

자!
축구하러
가자!

지금은
국어 시간
이야!

사람으로 변한다면?

피규어 모으기가 취미이며,

제일 싫어하는 음식은 피망이다.

13) 소설 《홍루몽(紅樓夢)》의 남자 주인공. – 역주.

물만두의 방

제 2 장

•

전쟁, 통일을 위해 나아가다!

상고 시대 '전쟁의 신'으로 알려진 치우는

'나는야 전쟁의 신!'

치우

'시황제도 치우를
전쟁의 신인
'병주(兵主)'로 모셨다.'
《사기(史記)·봉선서(封禪書)》

상고 시대
3대 우두머리

염제, 황제와
마찬가지로
부족을 이끄는
대장이었어.

나는
근육맨!

구리처럼 튼튼하고,
강철 같이 딴딴한 그는

모래를 씹어서 먹기도 했대.
(식성 참 특이하네!)

'짐승과 인간의 몸을 가진
치우는 구리로 된 머리와
철로 된 이마를 가지고 있었다.
모래와 돌을 먹고
다섯 가지 병기를 만들었으며
칼, 창과 활을 휘둘러
위세를 떨쳤다.'
《용어하도(龍魚河圖)》

땅을 차지하는 과정에서 치우는
염제를 먼저 무너뜨렸고

'치우가 염제를 몰아내고
싸우니 사방에 남은 것이
하나도 없었다.'
《일주서(逸周書)·상맥편(嘗麥篇)》

염제

이어서 황제와 탁록(涿鹿)에서
결전을 벌이기로 했지.

뭘 봐?

보면
어쩔래?

'황제는 제후들을 이끌고
치우와 탁록에서
대결을 펼쳤다.'
《사기(史記)·오제본기(五帝本紀)》

치우에게 81명의
형제(부족)가 있었다면

'치우의 형제는 81명이었다.'

《용어하도(龍魚河圖)》

'황제는 곰과 비휴, 호랑이 등의
부족을 충분히 동원해서
하나로 단결시켰다.'

《중국 고대문명
기원(中國古代文明起源)》

황제에게는
곰, 비휴(貔貅)*, 호랑이 등의
부족이 있었어.

* 비휴 : 몸통은 사자, 봉황의 날개, 용의 얼굴,
기린의 꼬리를 가진 전설의 동물.

그렇게 둘은 아홉 번에 걸쳐
전쟁을 벌였지만,

승부를 가려내기란 쉽지 않았어.

'황제와 치우는
3년간 9번을 싸웠으나
끝이 나지 않았다.'
《노사(路史)·치우전(蚩尤傳)》

그러던 중 치우가
큰 안개를 일으켰고

'치우가 만든 대규모 안개가
3일 동안 하늘을 뒤덮으니
적군이 모두 당황했다.'
《태평어람(太平御覽)》
15권 〈지림(志林)〉

미세먼지 공격!

짙은 안개 공격 때문에
황제는 계속해서
뒤로 물러날 수밖에 없었지.

하지만 다행히도 풍후(風后)라는 고양이가
지남차(指南車)[14]를 만들었고

> '황제가 풍후에게 명령해서
> 지남차를 발명해
> 동서남북을
> 구별할 수 있게 했다.'
> 《태평어람(太平御覽)》 15권
> 〈지림(志林)〉

지남차의 도움으로
황제는 마침내 안개 속에서
탈출할 수 있었어.

설명할
시간이 없다!
빨리 타라!

반격을 위해
황제는 부하들에게 강의 하류를 막아
치우를 침몰시키려고 했어.

> '황제가 응용(應龍)에게
> 기주(冀州)를 공격하도록 명하자
> 응용은 물을 모아
> 저수 공격을 준비했다.'
> 《산해경(山海經)·대황북경(大荒北經)》

하지만 치우가 한 발 더 빠르게 움직여
바람의 신과 비의 신을 먼저 불렀지.

'치우가 바람의 신과
비의 신을 동원해
큰비와 바람을 일으켰다.'
《산해경(山海經)·
대황북경(大荒北經)》

바람과 비의 공격으로 황제의
군사들은 걸음조차 옮기기 힘들었어.

'거센 바람과
쏟아지는 비가
황제의 진영으로
불어닥치자
황제의 군사들은
서 있기조차 힘든
상황이 되어
결국 사방으로 달아났다.'
위안커(袁珂)
《중국신화전설(中國神話傳說)》

그러자 황제는
결국 한발(旱魃)에게
도움을 요청하게 되었지.

한발!
나 좀
빨리
도와줘!

---

14) 중국 고대에 수레 위에다가 나무로 된 신선상을 세웠는데, 그 손가락이 늘 남쪽을 가리키게 만들어 방향
을 쉽게 알도록 했다. - 역주.

가뭄을 일으키는 여신 한발이 있는 곳에는
풀 한 포기조차 돋아나지 못했어.

여신
한
발

'한발이 사는 지역은
천 리까지 가뭄이 들었고,
비는 단 한 방울도
내리지 않았다.'

위안커(袁珂)
《중국신화전설(中國神話傳說)》

그녀의 도움으로
전쟁터 역시 말라버렸지.

아~
건조해.

해변에서 자란 치우의 군사들은
건조한 환경에 적응하지 못했고,
전투력은 확 떨어졌어.

'황제가 여신 한발에게
비를 멈춰달라고 부탁했다.'

《산해경(山海經)·
대황북경(大荒北經)》

막상막하의 실력 탓에
싸움은 계속 이어졌고

그토록 오랜 기간 싸워본 적 없던
황제의 군대는 점점 사기가
떨어지기 시작했지.

황제 군대의 사기는
점점 떨어졌다.
위안커(袁珂)
《중국신화전설(中國神話傳說)》

그러던 어느 날,
황제가 낮잠을 자는데

전쟁, 통일을 위해 나아가다!

꿈에 한 선녀가 나타났어.

안녕하세요.
황제님!

'머리는 사람이고,
몸은 새인 부인이
서왕모의 명령으로
황제에게 나타나 말했다.
"나는 구천현녀다."'
《태평광기(太平廣記)》

선녀는 황제에게
군대의 사기를 끌어올리려면
특별한 북이 필요하다고 했지.

'기(夔)16)라고 불리는
짐승이 있으니
황제가 이것을 구해
그 가죽으로 북을 만들고
뇌수(雷獸)17)의 뼈로 북을 치면
소리가 오백 리까지 울리더라.'
《산해경(山海經)·대황동경(大荒東經)》

뇌신(雷神)15)의 북

선녀는 기(夔)의 가죽으로 북을 만들고,
뇌수(雷獸)의 뼈로 북채를 만들라고 했어.

'치우에게 공격하는 것을
돕기 위해 구천현녀가
황제에게 기우(夔牛)로
북을 만들어주었다.'
《역사(繹史)》
〈황제내전(黃帝內傳)〉

이어서 선녀는
신선이 사용하는 병법을
황제에게 전수해주었지.

그리고 커다란 보검(寶劍)을 선물했어.

> 현녀가 황제에게
> 육갑(六甲) 육임(六壬)이라는
> 술법으로 병사를 부리는
> 방법을 전하고.
> 《운급칠첨(雲笈七籤)》[18]

---

15) 우뢰를 일으켜 비를 내리게 하는 신. – 역주.
16) 고대 전설에 나오는 다리가 하나이며, 용과 비슷한 동물의 일종. – 역주.
17) 상상의 동물로 비가 억수처럼 쏟아지고 우레나 번개가 칠 때 공중을 날며, 벼락과 함께 땅에 떨어져서 사람과 가축을 해친다고 한다. – 역주.
18) 11세기에 송나라의 장군방이 편찬한 도교 교리서. – 역주.

꿈에서 최고의 무기를
선물 받은 황제는
다시 전쟁터로 나갔어.

그는 먼저 선녀가 알려준
전쟁 방법으로
치우 부대를 포위한 다음

북을 두드리기 시작했어.

'황제가 기의 가죽으로 북을 만들어
아홉 번을 두드리고 그쳤다.'
《강희자전(康熙字典)》의
《광성자전(廣成子傳)》

둥둥둥!
북을 아홉 번 두드리자
치우 부대는 정신을 차리지 못했지.

'황제 군대의 강력한 힘에
치우의 군대는 놀라서
어안이 벙벙했다.'

위안커(袁珂)
《중국신화전설(中國神話傳說)》

여기에 황제 군대의
공격이 더해지니
치우의 군사들은
무너질 수밖에 없었어.

치우는 끝까지 대항했지만

오…
오지 마….

전쟁, 통일을 위해 나아가다!

결국 전투력 '만렙'인 황제에게
손을 들고 말았지.

'마침내 치우를 죽였다.'
《사기(史記)·오제본기(五帝本紀)》

치우 부족 중에
일부는 황제에게 감화되어

염황 부족에 편입했고

'헌원이 치우를 몰아내고
부족 중에 선한 자는
추도(鄒屠) 땅으로
이주시켰고'
《습유기(拾遺記)》

끝까지 치우 편에 있던 일부는
멀리 도망갔어.

'악한 자는 북쪽으로
이주시켰다.'
《습유기(拾遺記)》

'전쟁의 신'에 대한 명성은
갈수록 높아졌어.
황제가 다른 소수 부족을
정복할 때 사용한 깃발에
치우를 그려 넣었기 때문이야.

그랬더니 모두 '전쟁의 신'이
돌아왔다고 여겨
벌벌 떨며 백기를 들었어.

'치우가 죽은 뒤에도
세상이 시끄럽고 평화롭지 않자
황제는 치우의 모습을 그려
세상을 두렵게 했다.
사람들은 모두 치우가
죽지 않았다고 여겨
모든 나라가 복종했다.'
《용어하도(龍魚河圖)》

전쟁, 통일을 위해 나아가다!

황제는 모든 중원 지역을
정복했지.

중원의 왕

'그렇게 모든 사람들이
헌원을 천자(天子)로
받들었으며…
황제의 기운인 토덕(土德)의
상서로움이 깃드니
이를 황제라 칭했다.'
《사기(史記)·
오제본기(五帝本紀)》

그리고 마침내
3대 부족이 서로 화합해서

염제, 황제, 치우 모두가
중화민족의 선조가 되었어.

그중 황제는 '삼황오제(三皇五帝)' 중
오제(五帝)의 우두머리가 되었지.

'황제(黃帝), 전욱(顓頊), 제곡(帝嚳),
요(堯), 순(舜)이 오제(五帝)에 해당한다.'
《사기(史記)·오제본기(五帝本紀)》

'사마천(司馬遷) 본인은…
황제를 오제의 수장으로 여겼으며,
오제의 역사적인 공적(功績)을
추측하고 증명해냈다.'
장다커(張大可)《사기논저집성(史記論著集成)》

그렇다면 삼황오제는 어떤 고양이들로 이뤄졌을까?

지地　천天　인人

삼황三皇

청青　백白　적赤　흑黑　황黃

오제五帝

이어서 계속

전쟁, 통일을 위해 나아가다!

편집자의 말 ◇◇◇◇◇◇◇◇◇◇◇◇◇◇◇◇◇◇◇◇◇◇◇◇◇◇◇◇◇◇

'탁록 전쟁(涿鹿戰爭)'은 '중국 전설의 시대' 중 가장 유명한 전쟁 중 하나로, 황하(黃河) 중하류 구역에서 각각의 원시 문화 사이에 일어난 충돌이다. 탁록 전쟁 이후 염제와 황제, 치우의 3대 부족은 하나로 합쳐져 중국 문화의 기초를 다지게 되었다. 원시 시대에는 문자라는 매개체가 없었기 때문에 많은 이야기가 입에서 입으로 전해졌다.

전설에 따르면 염제는 소의 머리를, 황제는 네 개의 얼굴을 지니고 있었으며, 치우는 네 개의 눈과 여섯 개의 손에 인간의 몸과 소의 발을 하고 있었다고 한다. 이는 당시 부족들이 섬기던 토테미즘과 연관이 있거나, 동물의 털과 가죽으로 만들어 입은 복장을 형상화한 것으로 보인다. 비록 신화적 색채가 강하긴 하지만, 원시 시대의 진실한 사회적 면모와 역사적 사건을 충분히 담고 있다는 점은 부인할 수 없다.

| 황제 역-물만두 | 바람의 신 역-우롱차 | 비의 신 역-순두부 | 염제 역-꽈배기 |

| 치우 역-전병 | 구천현녀 역-새알심 | 한발 역-만두 |

참고 문헌 : 《사기(史記)》, 《용어하도(龍魚河圖)》, 《일주서(逸周書)》, 《노사(路史)》, 《태평어람(太平御覽)》, 《태평광기(太平廣記)》, 《역사(繹史)》, 장다커(張大可) 《사기논저집성(史記論著集成)》

상고 시대 괴상한 동물 - 기(夔)

'기'는 《산해경(山海經)》에 등장하는 상고(上古)시대 전설 속 괴상한 동물이야. 생긴 건 소와 비슷하지만, 다리는 하나고 피부는 푸른색이었대. 보통 이런 신화적 동물인 신수(神獸)가 등장할 때는 강한 비와 바람을 동반했고, 그 주변에는 해와 달과 같은 빛이 비쳤다고 해.

전쟁의 여신 - 구천현녀

전설에 따르면 구천현녀는 기문둔갑(奇門遁甲)[19]이라는 술법에 능했고, 병법(兵法)을 꿰뚫고 있었다고 해. 정의로운 전쟁의 신으로 잘 알려져 있어.

황제의 스승

도교에서는 구천현녀를 '황제의 스승'이라고 부르기도 해. 황제에게 보검(寶劍)을 주고, 병법을 전수했을 뿐 아니라 귀신을 내쫓는 방법까지 알려주었대.

---

19) 음양의 변화에 따라 몸을 숨기고 길흉을 택하는 용병술. — 역주.

순두부 역할 소개

순두부, 천칭자리.

취미는 골동품 수집이며,

매일 세 번 목욕을 즐긴다.

식사 시간마다 늘 고민에 빠진다.

뭘 먹지?…

이성에게 인기가 많다.

사람으로
변한다면?

공포 영화는
면역이 생긴 듯하고…

제일 좋아하는 꽃은
코스모스다.

순두부의 방

제 3 장

●

전설의 제왕, 삼황오제(三皇五帝)

중국 역사를 이야기할 때,
꼭 나오는 단어가 하나 있어.

그것은 바로

'고대 역사를 이야기하면
반드시 삼황오제를
언급하게 된다.'
뤼쓰몐(呂思勉)
《중국민족사(中國民族史)》

삼황
오제

이 단어를 많이 들어봤겠지만…
대체 삼황오제가 누구일까?

야옹~

역사 기록에 따르면
삼황오제는 상고 시대에
존재했어.

구체적으로 누구일까? 정확한 결론은 없고…
기록에 따라 조금씩 다르긴 하지만

간단히 정리하자면
삼황오제란
'세 임금'과
'다섯 황제'를 가리켜.

'황(皇)'과 '제(帝)'는 대체 무슨 뜻이야?

《설문(說文)》[20]을 보면
'황(皇)'은 '큰 대(大)'와 같은 뜻이야.
다시 말해 '최고'라는 의미지.

'제(帝)'는 왕이 되어 세상을 다스린다는
'살필 제(諦)'와 같은 의미로
'통치자'의 뜻을 지니고 있어.

그래서 '황제'를 글자 그대로 해석하면

최고의 통치자

말이 나온 김에 얘기하자면
'황제'라는 호칭을
가장 먼저 사용한 것은 진시황이었어.

"태황에서 '태(泰)'를 버리고
'황(皇)'을 사용하며,
신을 뜻하는 상고 시대의
'제(帝)'라는 위호(位號)를 채택해서
호칭을 '황제(皇帝)'로
부르도록 했다.'
《사기(史記)·진시황본기(秦始皇本紀)》

진시황

그는 '황'과 '제'를 함께 사용했는데

20) 중국 후한 때, 허신이 편찬한 자전. – 역주.

자, 여러분…

제가 하고픈 말은

이로써 자신이 전설 속
'삼황오제'보다
한 수 위라는 것을
드러내고 싶었던 거지.

이 얘기는 여기까지 하고, 하여간
'삼황오제'는 고대의 최고 우두머리들이었다는 거야.

현재 가장 주류를 이루는 의견을 살펴보면
《사기(史記)》에서 처음으로
'삼황'을 지칭하는 말이 등장했다고 해.

삼황오제의 이름에 관해서…
정확히 무엇을 지칭하는지는
알 수 없으나…
《사기》에 제왕의 칭호로
기록되어 있다.

뤼쓰몐(呂思勉)《선진사(先秦史)》

삼황은 각각
천황(天皇), 지황(地皇), 인황(人皇, 또는
태황(泰皇))이라는 칭호를 사용했는데

《상서대전(尙書大傳)》을 보면
삼황과 대칭되는 인물에 관한 해석이 등장해.
먼저 천황, 수인(燧人) 고양이!

'삼황의 순서는 《상서대전》을
보아야 한다.
수인이 가장 먼저이며,
두 번째가 복희,
세 번째가 신농이다.'

뤼쓰몐(呂思勉)
《대중국사(大中國史)》

천황

수인 고양이

복희 고양이

인황

인황, 복희(伏羲) 고양이!

지황, 신농(神農) 고양이!

신농 고양이

지황

'수인은 불을 다루었는데
사람들은 불과 태양을 섬겼기에
수인을 하늘로 모셨다.
복희는 사람의 생활과 관련해서
인황으로 모셔졌으며,
신농은 땅의 기운을 잘 알아
농사를 지어
땅의 황제로 받들었다.'
《풍속통의(風俗通義)》의
《상서대전(尙書大傳)》

수인은 나무를 마찰시켜
불 피우는 법을 알려주었는데

'한 성인이 불의 덕으로
왕이 되었다.
불을 만들어 식량을 익히고
금속을 녹여 칼을 만드니
백성들이 크게 기뻐하며
그를 수인(燧人)으로 불렀다.'
《고사고(古史考)》의
《예기(禮記)·곡례(曲禮)·정의(正義)》

불은 '광명, 빛'의 의미와도 같아서
천황(天皇)으로 모셔졌다고 해.

복희는 그물로 동물을 잡는 법뿐 아니라
가죽을 벗겨 옷을 만드는 법까지
알려주었지.

'그물을 만들어
물고기를 잡아내니
온 세상이 그를
포희(炮犧)씨(즉 복희)라고
불렀다.'

《한서(漢書)·율력지(律曆志)》

'복희는 천을 만들었다.'

《노사(路史)》의
《백씨육첩(白氏六帖)》

그렇게 모든 고양이들의
먹고 입는 문제를
해결해준 그는
인황(人皇)으로
모셔졌어.

참, 중국의 팔괘(八卦)[21] 역시
그가 만들어낸 거야.

'복희가 팔괘로
세상의 변화를 구별했다.'

《풍속통의(風俗通義)》의
《예위함문가(禮緯含文嘉)》

---

21) 8괘는 건(乾), 태(兌), 이(離), 진(震), 손(巽), 감(坎), 간(艮), 곤(坤)으로, 세상의 모든 현상을 음양에
겹쳐 여덟 가지의 형태로 나타낸 것이다. – 역주.

전설의 제왕, 삼황오제(三皇五帝)

신농은 다름 아닌 염제였는데

접니다!

그는 농기구 제작과 농사법을 전파했어.

'신농 시대에 하늘의 비로
곡식을 기르고, 밭을 갈며,
씨를 뿌렸다.'
《예문유취(藝文類聚)》

'신농씨가 나무를 깎아
가래와 쟁기를 만들고,
이를 세상에 널리 퍼뜨렸다.'
《역경(易經)·계사(系辭)》

그가 했던 모든 일이 토지와 관련 있어서
지황(地皇)으로 받들어졌지.

고양이는 개박하 풀 좋아해!

그들의 발명과 공헌 덕분에 상고 시대 백성들은
원시생활에서 벗어날 수 있었어.

한편, 오제(五帝)는 구체적으로 황제(黃帝), 전욱(顓頊),
제곡(帝嚳), 제요(帝堯), 제순(帝舜)을 가리켜.

'《대대례기(大戴禮記)·
오제덕(五帝德)》에
오제의 이름이
황제, 전욱, 제곡, 요, 순으로
나오는데,
이는 《사기(史記)·
오제본기(五帝本紀)》에
의거한 것이다.'
뤼쓰몐(呂思勉)《선진사(先秦史)》

먼저 황제는 중원을 통일해 중국의
지배자가 되었어.

'황제는 수많은 제후를
다스렸다…
제후들은 헌원(軒轅)을
하늘을 대신하는
천자로 받들었으며…
명을 따르지 않는 자는
황제가 정벌했다.'
《사기(史記)·오제본기(五帝本紀)》

전욱은 역법(曆法)²²)을 개혁했고

'전설에 따르면 전욱이
정(正)이라는 자에게
하늘을 담당하게 하고,
려(黎)라는 자에게
땅을 다스리게 했으며…
전욱력을 사용했다.'
《한서(漢書)·율력지(律曆志)》

제곡은 절기(節氣)를 정립했어.

'제곡은 일, 월, 별의
움직임을 통해
절기의 순서를 정해서
백성들이 안심하고
농사를 지을 수 있게 했다.'
《국어(國語)·노어(魯語)》

제요는 사계절을 측정했고

'제요가…희(羲)씨와
화(和)씨에게 명해서…
봄의 때를 맞추고…
여름을 판단하게 했으며…
가을의 때를 선택하고…
겨울을 정하게 했다.'
《사기(史記)·오제본기(五帝本紀)》

제순은 백성을 가르치고 이끌었으며
등급을 제정했지.

순(舜)은 문조(文祖)의
사당에 참배하고
사악(四岳)의 의견을 들으며
사문(四門)을 개방해
사방의 민의를
잘 알 수 있도록 했다.
12주 장관들에게는
제왕이 갖추어야 할
덕행에 대해서
의논하게 했다.
그는 덕을 후하게 베풀고
아첨하는 사람을 멀리하면
오랑캐들까지 모두 따르게
할 수 있을 것이라고 했다.
《사기(史記)·오제본기(五帝本紀)》

이렇게 현명한 다섯 제왕이 힘을 합해 나라를 다스리자
백성은 날로 강성해졌어.

22) 천체의 주기적 운행을 시간 단위로 구분하는 계산법. – 역주.

전설의 제왕, 삼황오제(三皇五帝)

내 말이!

치우

그런데 예전에 활약했던
수장들은 다 어디 가고
훗날 이 다섯 제왕만
널리 알려진 걸까?

'전국 시대의 기록에는
'삼황오제'라는 표현이
자주 등장한다.'

양성난(楊升南)
《원고중화(遠古中華)》

'학자들은 그들(삼황오제)
대부분이 전국 진한(秦漢) 시기에
만들어진 인물이라고
생각한다.'

양성난(楊升南)
《원고중화(遠古中華)》

사실 '오제'는 한참 후인
전국(戰國) 시대가 되어서
등장한 표현이야.

금 金
토 土
수 水
화 火
목 木

당시에는 사회적으로
'오행설(五行說)'이
유행했는데

금(金), 수(水), 목(木), 화(火), 토(土)의 다섯 가지 물질이
온 우주와 인간에 필요한 모든 것을 구성한다는 의미였어.

'선왕이 흙, 금, 나무, 물,
바람을 섞으니
만물이 되었다.'

《국어(國語)》

고양이들은 이 오행의 순환이
세계 만물을 움직인다고 믿었지.

**이게 어느 정도까지
유행했냐면 말이야.**

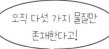

오직 다섯 가지 물질만
존재한다고!

유오독존

모든 것을 이 '다섯' 물질에
끼워 맞추려는 현상이 나타났어.

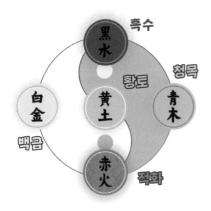

예를 들면 다섯 가지 색!

'《손자병법(孫子兵法)》, 《노자(老子)》, 《묵자(墨子)》 등의 문헌을 보면,
오색(五色)과 오음(五音), 오미(五味) 등의 개념이 자주 등장한다.
이후에 쓰인 《여씨춘추(呂氏春秋)》에서 관련 표현을 더 명확히 찾아볼 수 있다.'
웡인타오(翁銀陶) 《선진(先秦), 양한(兩漢)의 음양오행 학설에 관해서》

전설의 제왕, 삼황오제(三皇五帝)

다섯 가지 방위!

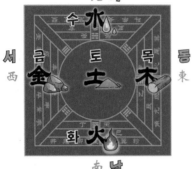

'네 개의 방위를
오행에 맞추기 위해 중앙에
토(土)를 강제로 집어넣었다.'

쉬디산(許地山)
《중국사총간·도교사
(中國史叢刊·道敎史)》

그러다 보니 역사서를 집필하는
사관(史官)도 자연스럽게
'오제'라는 표현을 쓰게 된 거지.

'하늘에 오행이 있어
각각 수, 목, 금, 화, 토인데,
때를 나누고 자라서
만물을 완성하니
그 신을 오제라고 한다.'
《공자가어(孔子家語)》

오(五)…

삼황

오제

그래서 삼황오제는
상고 시대의 현명한
여덟 고양이뿐 아니라
상고 시대와 전국 시대,
두 시대를 대표하는
표현이기도 한 거야.

삼황 시대는 고양이들의 삶을
원시에서 문명으로 이끌었고

> '중국의 발전은
> *유소(有巢)에서 시작해
> 수인(燧人), 복희(伏羲),
> 신농(神農)을 거쳤다.'
> 뤼쓰몐(呂思勉)《선진사(先秦史)》

* 유소(有巢) : 신화, 전설 속의 인물로 나무 위에 집
을 지어 사는 법을 가르쳤다고 전해진다.

오제 시대에는 조금씩 국가의 틀을 마련하기 시작했어.

야옹!

삼황오제는 상고 시대의 전설일 뿐만 아니라
중화민족의 근원이자 시초이기도 해.

이로써 국가 형성을 위한 조건도 기본적으로 갖출 수 있게 되었지.

(이후로 고양이들의 국가가 만들어지기 시작했어.)

이어서 계속

역사학자들은 수인과 복희, 신농은 부족의 이름이었을 것이라고 분석한다. 이 부족들의 문화 수준이나 실력이 매우 높아 다른 부족들도 이를 따랐을 것이라는 의견이 많다. 역사학자들은 후세에 이야기가 전해 내려오면서 부족들의 수장들도 조금씩 '신화화'되었을 것이며, 부족의 발명품이나 공적이 수장들에게 돌아가면서 신화적 색채가 가미된 '삼황'의 이미지가 형성되었을 것이라고 분석한다.

《세본(世本)·제계편(帝系篇)》에는 '염제는 곧 신농'이었다는 기록이 있다. 일부 학자들은 염제는 여러 부족이 함께 결성한 동맹 부족 수장의 칭호였으며, 그중에 신농씨 부족도 포함되었을 것이라고 본다. 신농씨 부족의 수장이 염제의 직무를 담당했기 때문에 두 가지 의미가 중첩되었을 것이라는 게 역사학자들의 분석이다.

황제 역-물만두	제곡(帝嚳) 역-우롱차	시황(始皇) 역-튀긴 꽈배기	염제 역-꽈배기
제순(帝舜) 역-해바라기씨	수인(燧人) 역-라면	제요(帝堯) 역-꽃빵	복희 역-떡

참고 문헌 : 《사기(史記)》, 《풍속통의(風俗通義)》, 《고사고(古史考)》, 《한서(漢書)》, 《노사(路史)》, 《예문유취(藝文類聚)》, 《역경(易經)》, 《국어(國語)》, 《공자가어(孔子家語)》, 뤼쓰몐(呂思勉) 《중국민족사(中國民族史)》, 《선진사(先秦史)》, 뤼쓰몐(呂思勉) 《대중국사(大中國史)》, 양성난(楊升南) 《원고중화(遠古中華)》, 웡인타오(翁銀陶) 《선진(先秦), 양한(兩漢)의 음양오행 학설에 관해서》, 쉬디산(許地山) 《중국사총간·도교사(中國史叢刊·道教史)》

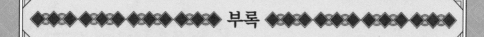
자연의 비밀 – 팔괘

팔괘는 고대 음양학에서 기인한 것으로
'—'는 양(陽)을, '- -'는 음(陰)을 나타내.
음양의 조합을 통해 여덟 가지 변화를 표현한 것이 바로 팔괘야.
팔괘는 각각 하늘, 땅, 물, 불, 천둥, 바람, 산, 늪을 상징해.
두 개씩 조합하면 총 64괘가 나오는데
이로써 세상의 온갖 사물의 형상을 모두 해석할 수 있다고 해.

야옹이들의 프로필

우롱차 역할 소개

우롱차, 게자리.

피부와 털이 온통 까만색이고

치즈와 딸기를 좋아하며

늘 진지한 표정이지만
집안일을 잘하는 반전남.

작은 동물들을 사랑한다.

평소 말수는 적어도
주변 고양이들을 잘 챙기고

정리 정돈 안 된 것은
못 보고 바로 치우는 성격.

우롱차의 방

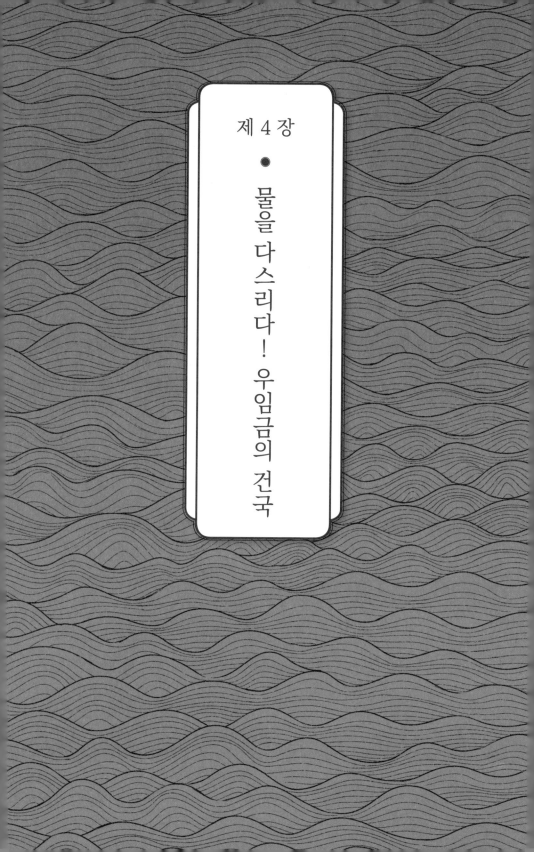

제 4 장

물을 다스리다! 우임금의 건국

황제가 중원을 통일한 후

상고 시대의 민족은
거대한 동맹을 이루게 되었어.

그 후로 현명한 네 제왕의 통치를 거쳐

중화민족은 더욱 강하고 커졌지.

그러던 어느 날, 갑자기
큰 홍수가 일어났어.

'제요(帝堯) 시기에
홍수가 나서
하늘에 닿을 정도가 되었다.'
《사기(史記)·하본기(夏本紀)》

물에 빠진
야옹이

논밭은 모두 쑥대밭이 되었고
고양이들의 목숨도 위태로웠지.

이 홍수를 다스리기 위해
곤(鯀)이라는 고양이가 등장했는데

곤은 '건축과' 출신의 엘리트였어.

성벽을 바로
내가 발명했지!

그는 물을 관리하기 위해
'벽'을 쌓아서 물을 막는 방법을 사용했는데

하지만 물은 점점 높아졌어.
결국 둑이 무너져
물난리로 많은 백성들이 죽자

곤은 그대로 쫓겨나게 되었어.

하지만 홍수는 어떻게든 해결해야 하잖아!
그래서 곤의 아들 우(禹)에게
그 책임이 돌아갔지.

'순(舜)이 곤의 아들 우를
지명해서 곤의 사업을
이어가게 했다.'
《사기(史記)·하본기(夏本紀)》

우는 아버지의 방법을
그대로 해서는
안 된다고 판단했어.

물은 아래로 흐르는 속성이 있으니

무조건 막는 것보다는
강과 바다로
흘러가도록 해야 했지.

그는 일단 지리를 열심히 연구했어.

산천을 돌아보고 지형을 측량한 뒤

'왼손에는 면이 평평한지 재는
수평계와 나무나 돌에
곧은 줄을 그을 수 있는
먹줄을 들었고,
오른손에는 지름이나
선의 거리를 재는
그림쇠와 직각자를
들고 다녔다.'

《사기(史記)·하본기(夏本紀)》

'그 후로 백우(伯禹)가…측량법을
개조하고 제정해서
온 세상의 땅을 계측해…
높은 물을 아래로 흘려보내고
강을 막는 장애물을 없애니
산천이 풍부해지고
구산(九山)이 드높아졌으며,
구천(九川)이 원활하게 흐르고
구택(九澤)이 평탄해졌다.
구수(九藪)가 풍성하게 번식해
구원(九原)을 넘어 물이 흐르니
집 앞에 강이 굽이굽이 흘러
사해로 뻗어나갔다.'

《국어(國語)·주어(周語)》

땅 모양의 높고 낮음에 따라
길을 내고 도랑을 팠어.

한 지역 공사가 끝나면
곧장 다른 지역으로 달려갔는데

집 앞을 세 번이나 지나면서도 들어가보지 못했대.

여보!
나 오늘도
집에
못 가요.

'우가 8년을 밖에서 지내는 동안
세 번이나 집 문 앞을
지나갔으나
들어가지 못했다.'
《맹자(孟子)·등문공상(滕文公上)》

심지어 날마다 물에 들어가서 일하다 보니,
다리털까지 모두 녹아버렸다고 해.

'우왕이 오직 백성을 위해서
쟁기와 삽을 들고 일하니
다리의 털이 자라지 않더라.'
《한비자(韓非子)·오두편(五蠹篇)》

매끈매끈

그렇게 열심히 일하고 나니
온 세상이 아홉 개 지역으로 나뉘었어.

'구주(九州)의 구획을 정하고,
산이 생긴 모양의 지형에 따라
하천을 파서 통하게 했으며,
그 지방의 특산물에 따라
공물을 정했다.'
《사기(史記)·하거서(河渠書)》

이게 바로 구주(九州)에 해당해!

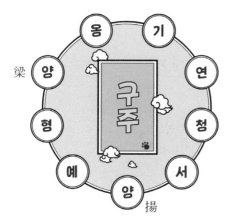

지금 중국에서 사용하는
지역에 대한 개념이
바로 이때부터 시작된 거야.

내가 마
경상도
고양이라!

나는
충청도
고양이어유!

나가
전라도
고양이여라!

또 우의 지도를 따라
지역들은 서로서로 도와주었어.

'먹을 게 적은 곳은
남는 데 먹을 것을
조정해서 서로
주고받음으로써
제후들이 균형을
맞추었다.'
《사기(史記)·
하본기(夏本紀)》

그렇게 13년이 지나
우는 드디어 모든 수도를 연결해서
홍수를 성공적으로 막아냈어.

> '그렇게 해서 구주(九州)는 하나가 되고, 어디서나 살 수 있게 되었다.
> 구산(九山)이 개통되자 다닐 수 있게 되었고, 구천(九川)이 통하고,
> 구택(九澤)에는 제방을 쌓으니 사해가 하나로 모였다.'
>
> 《사기(史記)·하본기(夏本紀)》

그 결과 우는 고양이들의 우상이 되었지.

우의 위대함을 칭송하기 위해
고양이들은 그의 이름 앞에 큰 대(大)자를 붙였고

대(大) 우 고양이

심지어 자발적으로 그를
새 임금으로 받들기 시작했어.

'제순(帝舜)은 하늘에
우를 천거해서
후계자로 삼았다…
제후들이 모두
순임금의 아들인
상균(商均)을 떠나
우에게 인사를 드렸다.'
《사기(史記)·하본기(夏本紀)》

물을 다스리는 치수 사업 이후
육로와 수로가 뚫린 덕분에
구주의 고양이들은
너도나도 달려와
우에게 자기 땅의 특산물을
바쳤지.

이 특별한 날을 기념하기 위해
우는 받은 공물 중에 있던 청동기를 녹여서

'우가 아홉 지역으로부터
받은 쇠를 녹여
아홉 개의 솥(九鼎)을
주조했다.'

《사기(史記)·
봉선서(封禪書)》

아홉 개의 커다란 솥(鼎)[23]을
만들었고

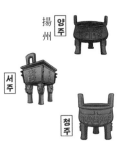

형주

揚州 양주

梁州 양주

서주

예주

옹주

청주

기주

연주

각각의 솥에는
그 지역을 대표하는 풍경이나
짐승을 그려 넣었어.

'순(舜)임금과 하우(夏禹)가
번성할 때는 멀리서도
모두 조공을 바치러 왔고,
구주(九州)의 제후들이
금속을 헌납해
아홉 개의 솥을 만드니
많은 나라가 여러 괴이한 물건을
그려 넣어 사람들로
하여금 알게 했다.'

《사기(史記)·초세가(楚世家)》

아홉 개의 솥을 가진 우는
천하를 제패한 권력자가 되었지.

이렇게 세상은 하나의 통일체가 되었고,
이것이 바로 '하(夏)'나라였어.

---

23) 정(鼎)은 중국 고대 왕조인 상대(商代)부터 제작된 예기로, 덕(德)이 있는 왕조만 소유할 수 있다고
여기던 권력의 상징물이었다. – 역주.

말 한마디 무게가 아홉 개의 가마솥보다 무겁다는 뜻의
'일언구정(一言九鼎)'이라는 고사성어 속 '구정'도 바로 여기서 유래한 거야.

구 (九)

이로써 정(鼎)은 염황 백성들의
가장 귀중한 제사에 쓰는 그릇이 되었지.

하휴*의 해석에 따르면
'천자의 구정은
제사에 사용했다.'
《공양전(公羊傳)·
항공이년(恒公二年)》

* 하휴는 《공양전》을 다시 해석한
《춘추공양전》이라는 책을 쓴 인물이다.

국례

결론적으로
오제 시대에서 우 시대에 이르는 동안
사회 제도에 조금씩 변화가 일어났어.

홍수로 인한 피해가
없어지자 고양이들은
안정적으로 식량을
생산하게 되었지.

그동안은 식량을 딱 생존할 수 있을 만큼만 생산했는데,
이제는 남을 정도로 여유 있게 생산하게 되었어.

그러다 보니 함께 농사를
짓고 공동으로 생산물을 소유하던
공유제가 점차 사라지고

남는 생산물을 개인이 소유하는
사유제가 생겨나기 시작했지.

몰래 숨기자.

그중에서 식량을 적게 저장한 고양이와 많이 저장한 고양이가 생겨났고
(사유제)
이로써 사회적으로 빈부격차가 발생했어.

그렇게 계급이 탄생하게 된 거지.

'많이 가진 사람은
부족이나 마을 연맹의
우두머리 자리에
오를 수 있었다.'

쉬중수(徐中舒)
《선진사십강(先秦史十講)》

계급이 점차 생겨남에 따라
'국가'의 형태가 만들어지기 시작했고

리더였던 우는 세상을 거머쥐고
계급의 정상에 오를 수 있었지.

그렇게 그는 국가 체제의 첫 번째 통치자가 되었어.

그렇다면 우가 하 왕조를 세운 뒤에는
또 어떤 이야기가 펼쳐졌을까?

이어서 계속

편집자의 말 ◇◇◇◇◇◇◇◇◇◇◇◇◇◇◇◇◇◇◇◇◇◇◇◇◇◇◇◇◇◇◇◇

농업 사회에서 물을 이용하는 수리(水利) 사업은 대단히 중요했다. 성공적인 수리 공사를 통해 홍수를 막아낸 우임금은 전례 없는 위엄과 명망을 얻을 수 있었다.

한편 당시 중원의 동맹 부족과 남방의 삼묘(三苗) 부족 사이에는 전쟁이 끊이지 않았다. 그러던 중 우임금이 이끄는 부족이 전쟁에서 큰 승리를 이뤄낸 사건은 동맹 부족의 내부 결속력을 한층 끌어올리는 계기가 되었다. 이러한 일련의 일을 통해 우임금은 중국의 첫 번째 왕조를 세우는 데 기초를 다질 수 있었다.

《사기(史記)》에는 곤이 치수 사업을 관장하는 것을 요가 반대했으나, 결국 다른 부족장들의 제약에 부딪혀 타협을 했다고 기록되어 있다. 그런데 《국어(國語)》에는 이를 탐탁지 않게 여긴 방풍씨(防風氏)라는 부족장이 그 자리에 늦게 나타나자 우가 그를 죽였다고 기록되어 있다. 이는 우의 시대에 이르러서는 상대적으로 평등했던 부족의 관계가 이미 깨지기 시작했다는 것을 의미한다.

| 우(禹) 역-튀긴 꽈배기 | 곤(鯀) 역-꽃빵 |

참고 문헌 : 《사기(史記)》, 《상서(尙書)·홍범(洪範)》, 《산해경(山海經)》, 《국어(國語)》, 《맹자(孟子)》, 《한비자(韓非子)》, 《공양전(公羊傳)》, 쉬중수(徐中舒)《선진사십강(先秦史十講)》

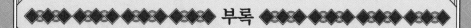
우가 가장 좋아한 물건
- '규(規)와 구(矩)'

치수 작업을 할 때, 우는 항상 규와 구, 즉 그림쇠와 직각자를 손에 들고 다니면서 땅의 형세를 파악했대. 그림쇠는 지금의 컴퍼스와 같이 동그라미를 그릴 때, 직각자는 네모를 그릴 때 사용한 물건이야. 이 도구들은 일정한 규격이 있었기 때문에 훗날 생활 속에 적용되는 규칙이나 예법을 가리키는 '규구(規矩)'라는 말이 생겼어.

제방 공사의 비밀 병기
- 식양(息壤)

곤과 관련해서 내려오는 신화가 하나 있어. 전설에 따르면 당시 곤이 홍수를 막기 위해 하늘에서 신의 흙을 훔쳐 와 제방을 쌓았다고 해. 스스로 자라나 영원히 줄어들지 않는다는 이 흙의 이름은 식양(息壤)이었대.

하늘의 벌을 받다

하지만 곤은 식양을 훔친 대가로 상제(上帝)의 벌을 받게 되지. 상제의 저주로 곤은 결국 홍수를 막는 데 실패하고 말았어.

야옹이들의 프로필

튀긴 꽈배기, 사수자리.

굉장한 운동 마니아.

스케이트보드를 타다가
다리가 부러진 적이 있다.

산악자전거를 타다가
팔이 부러졌고

최근에는 윙슈트 플라잉 에
빠졌다.

* 윙슈트 플라잉 : 특수 낙하의상을 입고
산이나 절벽에서 뛰어내리는 스포츠.

잠시도 가만있지 못한다.

제일 좋아하는 것은 콜라!

튀긴 꽈배기의 방

제 5 장

•

하(夏)나라, 온 세상을 다스리다

우는 홍수를 다스리는 데 성공한 후

지도자로 떠받들어졌고

중국 역사상 첫 번째 국가인
'하'나라를 세우게 돼.

'우(禹)가 중국 역사의
첫 번째 왕조인
하(夏) 왕조를 세우면서
중국 초기 국가의
정치제도를 확립했다.'
인민교육출판사
《고등학교 과정 표준
교과서·필수 역사 1》

안정적인 정치 체제 덕분에 고양이들의 삶도 나날이 좋아졌지.

하지만 시간이 흐르자 젊고 건강했던 우도 점점 늙어갔어.

새로운 후계자를 세워야 할 시간이 온 거야.

우는 이미 있던 지도자에게서 그 자리를 물려받은 거였어.

'순(舜)이 동맹 부족장의
권위를 홍수를 다스리는 데
공을 세운 우(禹)에게
물려주었다.'
인민교육출판사
《고등학교 과정 표준 교과서
·필수 역사 1》

우 역시 전통을 이어받아
딱 알맞은 후계자를 지정했어.

하지만 안타깝게도 그 후계자는 모두의 사랑을 받지 못했지.

'우의 후계자인 익(益)은
우(禹)의 자리를 물려받았지만
백성들의 마음을
사로잡지 못했다.'
《사기(史記)·하본기(夏本紀)》

그러면 백성들은 누구를 원했을까?

바로 우의 아들 계(啓)였지!

> '우(禹)의 아들 계(啓)는 현명해서 백성들의 마음이 그에게로 쏠렸다.'
>
> 《사기(史記)·하본기(夏本紀)》

그는 늘 아버지의 곁을 따라다녔어.

아빠

우가 지도자가 된 후
중요한 임무를 많이 수행하기도 했지.

나를 따르라!

> '우가 익을 후계자로 정해서 나라를 다스리게 했으나 계에게 그 자리를 내어주었다.'
>
> 《한비자(韓非子)·외저서(外儲書)》
>
> '우가 익을 추천했으나 계가 그 자리에 올랐다.'
>
> 《사기(史記)·연소공세가(燕召公世家)》

그러다 보니 백성들은 마음속으로
계야말로 후계자로 알맞다고 생각했던 거야.

그래서 모두의 지지를 얻어
계가 아버지 우의 자리를 이어받게 되었지.

'제후들이 익을 떠나
계에게 인사를 드리니…
그렇게 해서 계가
천자의 자리에 올랐다.'
《사기(史記)》

게다가 그는 기자회견을 열어 이 사실을 모든 백성에게 알렸어.

'하(夏)나라의 계(啓)가
균대(鈞臺)에 올라
잔치를 베풀었다.'
《좌전(左傳)》

'균대(鈞臺)에서
제후들에게
큰 잔치를 베풀었다.'
《죽서기년(竹書紀年)》

대부분이 기뻐했지만
반대하는 목소리도 있긴 했어.

가장 크게 반대한 이는 유호씨(有扈氏)였지.

'유호씨는 이 결정에
따르지 않았다.'
《사기(史記)》

반대한다는데 어떻게 하겠어?

"덤벼!"

그래서 계와 유호씨는
'감(甘)'이라는 곳에서 전투를 벌였어.

(감의 전투)

'계가 전쟁에 나가
감(甘)에서 크게 싸웠다.'
《사기(史記)·하본기(夏本紀)》

결국 계가 승리를 거두어서

누구든지 덤벼라!

쳇

'마침내 유호씨를
멸망시켰다.'
《사기(史記)·하본기(夏本紀)》

드디어 계는 새로운 임금이 되었지.

'백성들이 모두
인사를 올렸다'.
《사기(史記)·하본기(夏本紀)》

그렇게 우의 왕위는 계에게 계승되었고

우 임 금

계 임 금

'우가 죽고 그의
아들이 왕위를 차지했다.'
인민교육출판사
《고등학교 과정 표준
교과서·필수 역사 1》

계는 다시 자기 아들에게 왕위를 물려줬어.

'하나라 계임금이
세상을 뜨자
아들 태강(太康)이
들어섰다.'
《사기(史記)·하본기(夏本紀)》

'국가'가 점점 그들 가족의 소유물로 변했지.

'왕위가 하나의 집안에서
하나의 성으로 계승되면서
한 가문이 나라를 다스리는
형국이 되었다.'
인민교육출판사
《고등학교 과정 표준
교과서·필수 역사 1》

이렇게 자신의 왕위를 자식에게 물려주는 제도를
'왕위세습제'라고 해.

반대로
왕위를 어질고 재능 있는 자에게 넘겨주는 제도를
'선양제(禪讓制)'라고 해.

그러면 이러한 변화는

어진 고양이 ➡ 자식

혹시 문명의 후퇴인 걸까?

선양제일 때 농업 국가에서는
지도자가 바뀔 때마다 전쟁을 해야만 했어.

하지만 매번 전쟁을 치르는 것은 농사일에 상당히 방해되었지.

'우 시대에는
50묘(畝)의 땅을 나눠 주고
세금을 바치게 했다.'
《맹자(孟子)》

'하 왕조 시기에는
흉년이나 풍년에 상관없이
규정한 수량에 맞춰
국가에 식량을 납부했다.'
마진화(馬金華)
《중국부세사(中國賦稅史)》

그래서 왕위 세습을 통한 정권 교체는
더욱 효율적이고 안정적으로 이뤄질 수 있었어.

생각해봐.
어쨌든 후계자가 이미 정해져 있으면
싸울 일이 그만큼 줄어드는 거잖아.

맞아. 씻고
잠이나 자자.

속상해. 우리는
꿈도 못 꿔.

'불확실한 권력 다툼을
끝내고, 왕의 시각에서
통일된 규칙과 제도를
정립해서 통치에
필요한 여러 비용을
아낄 수 있었다.'

장리(張麗)
《중국 전통사회 제도의
생성 기제에 관해서》

이러한 역사적 흐름은
농업사회를 더욱 발전시켰지.

그래서 이 제도가 생기고
죽 수천 년을 이어올 수 있었던 거야.
아주 간단한 이치지!

그러나 세상 모든 일에는 양면성이 있지.
가령 후계자가 멍청하면…

국가는 망하고 사라지는 길로 접어드는 거니까.

이어서 계속

편집자의 말 ◇◇◇◇◇◇◇◇◇◇◇◇◇◇◇◇◇◇◇◇◇◇◇◇

《사기(史記)》에는 '요(堯)가 순(舜)에게 왕위를 물려주었으나, 사람들은 순이 즉위하기 전에 요의 아들에게 물려주어야 한다고 말했다. 순이 우(禹)에게 왕위를 물려주려 했을 때에도 사람들은 우가 즉위하기 전에 순의 아들에게 왕위를 물려주어야 한다'라고 했다는 기록이 남아 있다.

요, 순, 우임금의 시기에 이미 아버지가 아들에게 물려주는 '부자 세습'의 개념이 형성되어 있었음을 알려주는 대목이다. 하지만 요와 순의 아들들은 능력과 명성이 약해 기존의 전통을 무너뜨리기에는 역부족이었다. 그러나 우는 홍수를 다스리는 치수 사업에 큰 성공을 거둠으로써 백성들에게 이전에 없던 두터운 신망을 얻을 수 있었고, 이 명성이 그대로 아들인 계(啓)에게까지 이어졌다. 계 역시 본래 재능이 뛰어난 인재였기에 순조롭게 왕위를 계승할 수 있었다. 따라서 계 이후 계속해서 이 집안이 나라를 다스릴 수 있었던 이유는 역사적인 요인 외에 개인적인 요소도 있었다는 점을 기억해야 한다.

| 대우(大禹) 역-튀긴 꽈배기 | 유호씨(有扈氏) 역-전병 | 계(啓) 역-해바라기씨 |

참고 문헌 : 《사기(史記)》, 《한비자(韓非子)》, 《좌전(左傳)》, 《죽서기년(竹書紀年)》, 《맹자(孟子)》, 인민교육출판사 《고등학교 과정 표준 교과서·필수 역사 1》, 마진화(馬金華) 《중국 부세사(中國賦稅史)》, 장리(張麗) 《중국 전통사회 제도의 생성 기제에 관해서》

운이 없었던 후계자
– 백익(伯益)

우임금은 물러나면서 백익을 후계자로 지목했어. 하지만 그 명성이 계에 미치지 못해서 물려받는 데 실패했지. 전설에 따르면 백익은 새의 말을 할 줄 알아서 새와 짐승을 길들이는 재주가 있었으며, 우물을 파는 기술을 처음으로 발명하기도 했어.

슈퍼스타 - 계(啓)

계는 정치와 전쟁에도 뛰어났지만, 음악에도 매우 소질이 있었다고 해. 그는 야외에서 노래와 춤을 즐겼고 직접 노래를 만들기도 했대. 대표적인 자작곡으로는 〈구가(九歌)〉, 〈구변(九辯)〉이 있어.

표절 곡

또 다른 전설에 따르면 〈구가(九歌)〉와 〈구변(九辯)〉은 본래 하늘의 노래였는데, 계가 몰래 가서 훔쳐 가져온 것이라고 해.

뭐야! 또 너네 집안이야?

해바라기씨 역할 소개

해바라기씨, 황소자리.

돈 버는 것을 가장 좋아한다.

온라인 쇼핑몰을 운영 중이며

발송!

네!

사업 수완이 좋고 계산에 밝은 데다

생강 살 테니 서비스로 대파 좀 주세요.

흥정의 고수다.

2,400원이요? 400원 빼고 2,000원만 받아요.

사람으로 변한다면?

스테이크를 제일 좋아하고

친구 중에는 꽃빵을 가장 아낀다.

해바라기씨의 방

제 6 장

●

소강(小康), 하 왕조를 회복시키다!

하 왕조가 세워진 뒤 왕위가 세습되면서

왕들은 왕위를 대대로 물려주었어.

그렇게
하 왕조는 즐겁고 행복하게 영원토록 이어졌을까?

나라가 생기고 얼마 지나지 않아
궁에서는 다툼과 살해, 피 튀기는 복수가 시작되었지.

가장 먼저 3대 왕이었던

그는 임금의 자리에 오른 후
나라를 다스리는 일은 팽개치고 매일 바다로 나가 놀았어.

'공안국(孔安國)'의 해석에
따르면 태강(太康)이 놀이에
빠져 백성들을
돌보지 아니하더라.'
《사기(史記)·하본기(夏本紀)
·집해(集解)》

* 공안국은 《사기 하본기》의 해석을
모은 집해를 편찬한 인물이다.

소강(小康), 하 왕조를 회복시키다!

이런 임금을 둔 국가는 자연스레 혼란에 빠지게 돼.

'태강이 즉위한 뒤
하나라의 정치는
끔찍해졌다.'
《제왕세기(帝王世紀)》

이때 '후예(后羿)'가 등장했지.

어디서 많이
들어본 것 같지?

후예

신화에 따르면 후예는 심지어
활을 쏴서 하늘의 해를 맞췄다고 해.

태양!

'요(堯)임금 시기에
열 개의 해가 떠올라
초목이 말라 죽으니
요임금이 후예에게
열 개의 해를 쏘라고 명했다.
후예가 그중 아홉을 맞추어
모두 없애니 하나만 남았다.'
《초사장구(楚辭章句)》

그렇지만 하나라 역사에 등장하는
후예는 한 부족의 지도자였어.

지도자

'유궁후예(有窮后羿)는
후예(后羿)를 동경해
활을 쏘아 그 이름으로 알려졌다.'
그러므로 그와 신화 속 후예는
다른 사람이다.
곽박의(晋郭璞)의
《산해경(山海經)》 해석

매일 놀러만 다니는 태강을 본 후예가
병사들을 이끌어 그를 몰아냈고

'제태강이 나라를
잃었다(帝太康失國).'
《사기(史記)·하본기(夏本紀)》
'후예가 무기로 임금을
몰아낸 후 하 백성과 함께
정권을 바꿨다.'
《좌전(左傳)·상공사년(襄公四年)》

저리 가!

자연스럽게 태강의 동생이
왕좌에 오르게 되었어.

'태강이 세상을 뜨고
동생 중강(仲康)이 즉위하니
이가 제중강이다.'
《좌전(左傳)·하본기(夏本紀)》

소강(小康), 하 왕조를 회복시키다!

그러나 권력의 맛을 본 후예는
무엇이든 자기 마음대로 하고 싶었고
국왕의 자리까지 차지하고 싶어 했지.

결국,
그는 참지 못하고
하(夏) 일가를 몰아내고
스스로 왕의 자리에 올랐어.

이렇게 역사는 하의 시대에서 후예의 시대로 넘어갔지.

> '유궁후예가
> 하 백성을 제거했다.'
> 《천문(天問)》
>
> 두예(杜豫)의 해석에 따르면,
> '우의 손자 태강이
> 나라를 잃고…
> 중강 역시 힘을 잃으니…
> 후예가 그 자리를 차지하고,
> 호는 유궁으로 했다.'
> 《좌전(左傳)·상공사년(襄公四年)》
> 두예

* 두예는 《좌전, 상공사년》의 해석을 모은
《춘추좌씨경전집해》를 편찬한 인물이다.

그런데 막상 왕이 되고 보니
후예도 무척 놀고 싶었어.

그래서 매일 바다로 놀러 나갔지.

> '후예는 활 솜씨만 믿고,
> 백성은 돌보지 아니하며,
> 들판의 짐승들에만
> 열중했다.'
> 《좌전(左傳)·상공사년(襄公四年)》

이때 반대 세력에서 다른 보스가 등장해.
바로 후예의 신하인 한착(寒浞).

> '한착은 마음이
> 바르지 못하고,
> 거짓말에 능숙해서
> 백명씨(伯明氏)에게
> 쫓겨났는데,
> 후예가 그를
> 신하로 거두었다.'
> 《제왕세기집존(帝王世紀輯存)》

117

한착은 겉으로는 후예를 돕는 것 같았지만

마음속으로는 다른 속셈을 가지고 있었지.

'한착은 안에서는
아부를 하고,
밖에서는 뇌물을 써서
백성들을 속이고
후예를 사냥에
나가도록 했다.
그사이 자신이 나라를
차지하려는 일을 꾸몄다.'
《좌전(左傳)·
상공사년(襄公四年)》

호시탐탐 기회를 노리던 그는 결국 후예를 살해했어.

'후예는 알지 못하고
여전히 들로 나가
사냥을 즐기다가
결국 죽임을 당했다.'
《좌전(左傳)·상공사년(襄公四年)》

한착은 하 왕조의 후손이 존재하는 한
자신에게 큰 위협이 된다고 생각했지.

'요(澆)에게 명해서
사람을 시켜
제후인 짐관(斟灌)과
짐심(斟尋) 부족을
모두 죽이라 했다.'
《좌전(左傳)·
상공사년(襄公四年)》

그래서 자객을 시켜 하 왕조의 후손을
아예 '뿌리 뽑는' 작업을 해.

'요(澆)를 통해
짐관(斟灌)을 죽이고,
짐심(斟尋)을 벌해
하 왕조의 후손을
모두 죽였다.'
《좌전(左傳)·
상공원년(襄公元年)》

소강(小康), 하 왕조를 회복시키다!

자, 지금까지의 이야기 전개를 생각해보면
뒷이야기를 짐작할 수 있을 거야.
맞아, 하 왕조의 후손들은 대부분 죽음을 면치 못했지만

그중 간신히 도망친 한 고양이가 있었어.
(이야기는 항상 이렇게 전개되지.)

다름 아닌 왕자 소강(少康)!

'임신을 한 상태였던
왕비는 도망을 쳐
소강(少康)을 낳았다.'
《좌전(左傳)·
애공원년(哀公元年)》

소강은 숨어 살면서도

자신이 왕자라는 사실을 늘 잊지 않았어.

그는 다시 일어설 방법을 고민했지만

'복수심을 품고
늘 경계를 늦추지 않았다.'
《좌전(左傳)·
애공원년(哀公元年)》

소강(小康), 하 왕조를 회복시키다!

그러나
아무 생각도 나지 않았지.

그렇게 다시 일어설 방법을 생각하는데
자객들에게 행방을 들키고 말았어.

적들의 추격을 피하던 중 소강은
'유우씨(有虞氏)' 부족이 사는 곳에 도망갔는데

'유우(有虞)로
도망갔다.'
《좌전(左傳)·
애공원년(哀公元年)》

'소강을 죽이려는 자들이
몰려오니 소강이
유우(有虞)로 도망갔다.'
《사기(史記)·
오태백세가(吳太伯世家)》

마침 '유우씨'의 부족장은
과거 하 왕조의 은혜를 입은 입었던 고양이었어.

왜 자꾸 누가
쳐다보는 것 같지…

하 가문
고양이다.

하 왕조의 은혜에 보답도 하고 싶고
소강의 기개가 남다르다고 생각한 부족장은

멋지십니다!

'유우(有虞)가
하 왕조의 은덕을
생각했다.'
《사기(史記)·
오태백세가(吳太伯世家)》

부족 고양이들과 땅을 그에게 내어주었을 뿐 아니라

사양하지 말고
받으세요.

'사방 10리의 땅과
병사 500명을 주었다.'
《좌전(左傳)·
애공원년(哀公元年)》

심지어 딸까지 시집을 보냈지.

'두 딸을
아내로 내어주었다.'
《사기(史記)·
오태백세가(吳太伯世家)》

서방님…

잘 보살펴주라.

그렇게 소강은 갑자기 지도자가 되었고
아름다운 부인까지 얻었어.

얼떨떨하네.

'소강이 널리 은덕을
베풀어 하나라를
되찾을 계획을 세우고,
하 왕조의 여러 부족을 모아
그 관원들을 위로했다.'
《좌전(左傳)·
애공원년(哀公元年)》

그렇지만 한착을 무찌르기에는
실력이 한없이 부족했지.

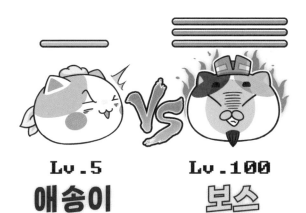

그때 어디선가 갑자기 군대가 등장했어.

소강(小康), 하 왕조를 회복시키다!

하 왕조를 섬겼던 신하들이 오랜 기간 모은 고양이들이었지.

아, 놀래라…

두예(杜豫)의
해석에 따르면,
'후예를 쓰러트리려
하(夏)의 남은 신하들이
모였다.'
《죽서기년통전(竹書紀年統箋)》

그렇게 소강은 큰 군대를 이끌고 경성(京城)으로 쳐들어갔어.
(지금부터 잔인한 복수극이 펼쳐집니다.)

'장군 여애(女艾)를 보내
적의 상황을
몰래 조사하게 했다.'
《좌전(左傳)·
애공원년(哀公元年)》

나를 따르라!

본래 하 왕조의 주인이 아니었던 한착은

나 좀 살려줘!

조용히 그 자리에서 물러났고

나라는 다시 하 가문에게 돌아갔어.

'우(禹)의 공적을
다시 회복해서
하(夏)의 천자 자리에 올라
옛것을 잃지 않았다.'
《사기(史記)·
오태백세가(吳太伯世家)》

돌아왔다···

그렇게 소강이 새로운 국왕이 되었고
역사적으로 하나라를 다시 일으켜 세웠지.

'그렇게 한착을 죽이고
소강이 다시 올랐다.'
금본(今本)
《죽서기년(竹書紀年)》

소강(小康), 하 왕조를 회복시키다!

소강은 나라를 다스리는 동안 정치에 몰두했고

쉽지 않구나.

'3년에 직(稷)의 땅을
회복했다. 직의 아들
부줄(不茁)이 관직에 있을 때
잃어버린 땅이었다.
11년에는 상후명(商侯冥)에게
강을 치리하라 명했고
18년이 되어
과거 본래의 땅으로
돌아갔다.'

금본(今本)《죽서기년(竹書紀年)》

노력 끝에
하 왕조는 마침내 과거의 생기를 되찾았어.

'소강이 즉위하자
모두 임금의 덕에 복종했고
왕문(王門)의 병사들이
춤과 노래를 바쳤다.
이는 하나라 왕에게
신하의 복종을
표현한 것이었다.'

《후한서(後漢書)·
동이열전(東夷列傳)》

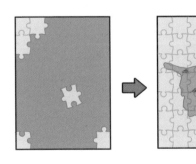

'잃었던 나라'를
다시 찾아오기까지

하 왕조의 이 '피 튀는 싸움'은 수십 년이 걸렸지.
여기에서 왕위 세습제의 단점이 드러나는 거야.

좋은 군주가 있으면
백성들도 편안한 삶을 누리지만

나쁜 군주가 있으면
국가는 분쟁에 빠지는 거지.

'악랄한 군주가 즉위하면
신하들의 뜻을 살피지 않고
나라를 돌보지 않으니
적게는 위신이
땅에 떨어지고,
크게는 나라를
망하게 한다.'
《한비자(韓非子)·
설의(說疑)》

그 이후 하 왕조는 어떻게 되었을까?

이어서 계속

소강(小康), 하 왕조를 회복시키다!

편집자의 말 ◇◇◇◇◇◇◇◇◇◇◇◇◇◇◇◇◇◇◇◇◇◇◇◇◇◇◇◇◇◇◇◇

선진(先秦) 시대 동방의 부족은 '동이(東夷)'라는 이름으로 불렸다. 동이와 중원의 관계는 때로는 친밀했다가 때로는 적대적이기를 반복했다. 염황(炎黃)과 전쟁을 벌인 치우(蚩尤)나 요(堯)와 함께 동맹 부족을 다스린 순(舜) 역시 동이 부족 출신이었다.

후예와 한착 역시 동이 부족의 부족장이었다. 그래서 소강이 나라를 잃었다가 되찾은 과정은 사실상 중원과 동이 사이에 일어난 전쟁의 축소판이라고 할 수 있다. 소강이 나라를 되찾은 후 국가는 나날이 강성해졌고 이로써 수많은 동이 부족이 나와 소강을 칭송하고 높였다. 후에 소강의 후손이 동이와의 교류를 한층 더 강화해서 중원과의 문화적 융합이 깊고 활발하게 일어나면서 중화 문명의 중요한 근원이 되었다.

소강(小康) 역─물만두

태강(太康) 역─라면

한착(寒浞) 역─꽃빵

후예(后羿) 역─떡

참고 문헌 : 《사기(史記)》, 《제왕세기(帝王世紀)》, 《초사장구(楚辭章句)》, 《산해경(山海經)》, 《좌전(左傳)》, 《천문(天問)》, 《제왕세기집존(帝王世紀輯存)》, 《죽서기년통전(竹書紀年統箋)》, 《죽서기년(竹書紀年)》, 《후한서(後漢書)》, 《한비자(韓非子)》

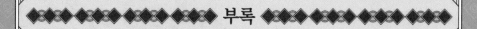
한착의 추격

한착은 하 왕조 일가를 모두 죽이기 위해 자객을 시켜 배 속에 있는 소강을 죽이라고 했어. 하지만 소강의 어머니 민(緡)이 벽에 구멍을 뚫으면서까지 달아나 아들의 목숨을 지켰다고 해.

잡아라!

도망가지 못하게 하라!

상고 시대의 살상 무기 - 화살

화살은 화약을 사용하지 않던 시기에 원거리 발사가 가능한 무기였어. 상고 시대의 활은 나뭇가지를 구부리고 밧줄을 탱탱하게 묶어 사용했대. 최초의 화살은 끝이 뾰족한 나무 막대나 대나무 장대를 이용했다고 해.

중국 최초의 여성 특수요원
여애(女艾)

소강은 한착을 없애기 위해 '여애(女艾)'라는 특수요원을 궁으로 파견했는데, 한착의 아들을 암살하면서 복수를 시작하게 돼. 아마도 여애는 중국 역사 최초의 여성 특수요원일 거야.

제가 깨끗하게 처리해드리죠.

라면 역할 소개

라면, 쌍둥이자리.

대식가이지만

아무리 먹어도 살이 안 찐다.

늘 씬

평소에는 말이 잘 통하지만

돈 좀 빌려줘.

그래.

먹을 것 앞에서는 안 통한다.

이걸 누구 코에 붙이라고!

**사람으로
변한다면?**

햄버거와

행복해~

잠자는 것을 가장 좋아한다.

운이 좋아 경품에도 잘 당첨된다.

제 7 장

•

하 왕조를 멸망시킨 탕(湯)

하 왕조가 세워진 이후
'공동으로 나라를 다스리는' 현상이 확립됐어.

다시 말해서 이 일대 토지 가운데
중원 지역의 하 왕조가 큰형님!

'우는 그제야
임금의 자리에 올라
나라를 다스렸다.
나라 이름을 하후(夏后)라 하고,
성을 사씨(姒氏)라 했다.'
《사기(史記)·하본기(夏本紀)》

주변 작은 부족들의 부족장들은
아우의 역할을 맡은 거지.

중국 역사의 첫 번째 왕조였던
하 왕조는 그렇게 400여 년 동안 번영을 누렸어.

그런데 17대 군주에 이르자

역사적으로 유명한 폭군인
걸왕(桀王)이 등장해.

'제발(帝發)이
세상을 떠나자
아들 이계(履癸)가
즉위했는데,
이 사람이 걸(桀)이다.'
《사기(史記)·하본기(夏本紀)》

하 왕조를 멸망시킨 탕(湯)

걸은 아주 사나운 군주였어.

얼마나 용맹했냐고?

걸왕에게는 손꼽히는 세 가지 재주가 있었는데
첫 번째, 맨손으로 늑대와 승냥이 때려잡기!

두 번째, 말보다 빨리 달리기!

'걸왕은 손으로 늑대와
승냥이를 잡고,
발은 네 마리 말보다
빨랐다.'

《사기(史記)·율서(律書)》

세 번째,
이웃한 다른 나라(방국(方國))* 때려잡기!

'100번 싸워 100번 이기니
제후들이 모두
두려워 떨었다.'

《사기(史記)·율서(律書)》

* 방국(方國) : 주(周), 하(夏), 상(商) 왕조 시기에
중원에 위치한 왕조와 주변 부족 및 국가.

이렇게 대단한 능력을 갖추다 보니
자연스럽게 오만해졌지.

난 왜 이렇게
잘난 거야.
피곤하게.

하 왕조를 멸망시킨 탕(湯)

심지어 그는 스스로를 태양에 비유하기까지 했어.

나를 태양으로 불러라.

오늘부터 그렇게 하도록!

'걸이 말하길
태양이 사라지는 것은
곧 내가 없어지는 것과
같다고 했다.'
《상서정의(尙書精義)》

그렇지만…
이 태양은 백성들에게 환영받지 못했지.

'사람들이 '저놈의 해는
언제 없어지나?
내가 저놈과 함께
죽으리라'고 말한다.'
《사기(史記)·은본기(殷本紀)》

'걸왕이 폭정을 일삼고…
백성을 돌보지 않았다.
백성들이 모두 고통 받으니
불만과 원망이 쌓여갔다.'
《여씨춘추(呂氏春秋)》

차라리
우리랑
같이
죽자!

태양은
개뿔!

흥!

왜 그랬냐고?
이유는 간단해.
너무나 포악했기 때문이야.

그는 정말 제멋대로였어.

술을 좋아해서 연못을 파고 술을 채워
매일 같이 파티를 열었지.

'걸왕은 백성을
못 살게 굴고
나라의 재산을 낭비했다.
술로 채워진 연못을
만들어 먹고
마시는 데 빠졌다.
한 번 북을 울리면
소처럼 엎드려
술을 마시는 자가
3,000명이나 되었다.'

《통감외기(通鑑外記)》

가득 채워라!

게다가 암컷 고양이를 너무 좋아했어.
조정은 팽개치고 늘 기생들과 놀았지.

'걸이 예의를 버리고
여자에 빠졌다.
말희(妹喜)를 무릎에 앉히고
달콤한 말을 들으니
정신이 혼미해지고
그 거만함이 더해갔다.'

《열녀전(烈女傳)》

'말희(妹喜)의 웃음소리가
퍼져 나가니
걸왕이 그 웃음에
잔뜩 취해서
정신을 차리지 못했다.'

《제왕세기(帝王世紀)》

몰라요!

마음에 드냐?

흐흐.

그래도 심심하면 아무나 잡아서 말처럼 타고 다녔어.

산둥성(山東省) 가상현(嘉祥縣) 무량사(武梁祠) 탑본편(동한(東漢) 제작)에는 여종들의 등에 올라 타 있는 걸왕의 그림이 있다.

이런 군주를 대체 누가 좋아하겠어?

그즈음 동쪽에서 천천히 힘을 키운 부족이 하나 있었으니

바로 상(商)*이었어!

* 상(商)은 은(殷)이라고도 불린다. 하지만 은(殷)은 상 왕조가 멸망한 뒤 주(周)에서
상의 주민들을 낮게 부른 데서 비롯된 것이다. 따라서 정확한 명칭은 상(商)이다.

상의 특기는 비즈니스였지.

'상과 다른 부족 간에
교환 행위는 비교적
활발하게 일어났다.'
궈모러(郭沫若)
《중국사고(中國史稿)》

지금 우리가 사용하는 '상업(商業)'이라는 단어도
바로 여기서 유래한 거야.

상 왕조
(Tha Shang Dynasty)

비즈니스(Business)

'상 왕조가 비즈니스로
유명했기 때문에
훗날 비즈니스 활동에
종사하는 사람을
'상인(商人)'이라고
부르게 되었다.'
인민교육출판사
《고등학교 과정 표준 교과서
·필수 역사 3》

하 왕조를 멸망시킨 탕(湯)

상의 우두머리는
바로 탕(湯)이었어.

그는 정사를 잘 돌보고
백성을 사랑했어.
인재를 잘 등용하고 어진 데다
재능까지 있었지.

쉽지 않네!

'곡식을 모아 배고픈
자들에게 나눠주고,
추위에 떠는 자들을
보살펴 주었으며,
가난한 자들이
다시 일어서도록
돌봐주었다.'
《관자(管子)·경중갑(輕重甲)》

'인과 의를 행하고,
예절을 지켰으며,
현명한 인재를 등용했다.'
중국 사회과학원
《상대사(商代史)·2권》

그런 그 덕분에
상은 나날이 부강해졌어.

* GDP : 국내총생산으로 한 나라의
국내 경제 활동 지표다.

y

y

y

상이 점점 발전하자 하는 불안에 빠졌고

걸왕은 신하에게 탕을 잡아 오도록 명령했지.

잡아라!

'걸왕이 탕(湯)을 불러
감옥에 가두었다'.
《사기(史記)·하본기(夏本紀)》

탕이 잡혀가자 상의 신하들이 난리가 났고

탕의 석방을 위해
상의 신하들은 걸왕에게
돈과 미녀를 바쳤어.

'걸이 탕에게 노해서…탕이 뇌물을 바쳤다.'
《태공금궤(太公金匱)》

'여인을 바치니 걸왕이 기뻐했고,
탕이 천금을 바치니 마음이 풀어져 탕을 용서했다.'
《관자(管子)·경중갑(輕重甲)》

탕은 살아남기 위해 일부러 약한 척, 아첨을 했지.

물 드실래요?

생선 드릴까요?

형님, 어깨 좀 주물러 드릴게요.

?

'상의 탕은 걸왕 앞에서 살아남기 위해 태도를 바꿨다.'
《백가강단(百家講壇)·국사통감(國事通鑑)》

'얼마 뒤에 탕을 풀어주었다.'
《사기(史記)·하본기(夏本紀)》

탕이 계속 약한 모습을 보이니 마음이 누그러진 걸왕은 탕을 놓아주었어.

알았어, 알았어, 가봐.

감사합니다!

닭살 돋아. 징그러워

하지만 탕을 풀어준 건 걸왕의 큰 실수였어.
집으로 돌아간 탕은 복수를 결심하지.

'탕이 반드시 하를
멸망시키려고 했다.'
《여씨춘추(呂氏春秋)》

실력을 쌓기 위해
그는 백성들에게
더 발전하길 요구했어.

농사짓는 고양이는 더 열심히 농사를 지어라!

장사하는 고양이는 더 열심히 장사를 해라!

아무 직업도 없는 고양이는?

'탕이 상으로 돌아온 뒤 두 가지 측면에서 발전을 촉구했다.
여기에는 인구수 증가도 포함되어 있었다.
고대 사회에서는 부족원이 많은 부족장이 제일이었다.'

《백가강단(百家講壇)·국사통감(國事通鑑)》

그렇게 몇 년간 발전을 거듭하며
상은 막강한 군사력을 가질 수 있었지.

그러자 다른 부족들이 그에게 달려와 복종했고

'탕이 덕을 닦으니
제후들이 모두
그에게로 왔다.'
《사기(史記)·하본기(夏本紀)》

공격할 시기를 기다리던 끝에
탕은 군대를 이끌고 하 왕조를 쳐부수러 갔지.

'탕이 마침내
군사를 거느리고
걸왕을 공격했다.'
《사기(史記)·하본기(夏本紀)》

워낙 포악했던 걸왕 탓에 백성들은 하나같이 하 왕조의 멸망을 원했어.

그래서 탕이 동쪽을 공격할 때는
서쪽의 백성들이 불만을 터뜨렸고

'탕이 이르길
'걸왕은 사람들의 힘과
나라를 모조리 빼앗고 있다.
사람들은 게을러지고
사이좋게 지내지 못한다.
그래서 '저놈의 태양은
언제 없어지나?
내가 저놈과 함께
죽으리라'고 말한다.'
《사기(史記)·은본기(殷本紀)》

남쪽을 공격할 때는
북쪽의 백성들이 들고일어났지.

'동쪽을 정복하자
서쪽 사람들이 원망했고,
남쪽을 정벌하자
북쪽 사람들이
"왜 우리는 뒤로 미루냐?"며
불평했다.'
《맹자(孟子)》

그렇게 백성들의 열렬한 환호를 받으며
탕은 계속 싸움에서 이겼고

예!

'탕이 전쟁하러 나서니
갈(葛)부터 시작해서
열한 번이나
군사 행동을 했는데
세상에서
맞설 사람이 없었으니'
《맹자(孟子)》

마침내 걸왕과
명조(鳴條)에서
정면승부를 펼치게 돼.

명조 대전

없애주겠다!

은혜를
원수로
갚다니!

그렇지만 이미 모두에게 버림받은 걸왕은
방법이 없었고, 결국 참패를 당하고 말았지.

넌 이제
끝났어!

KO

'탕이 마침내 군사를
거느리고 걸왕을 정복했다.
걸왕은 명조(鳴條)로
달아났다가
결국은 추방되어
죽었다.'
《사기(史記)·하본기(夏本紀)》

'걸은 명조(鳴條)로
도망쳤고, 하의 군대는
패해서 무너졌다.'
《사기(史記)·은본기(殷本紀)》

걸왕이 싸움에서 진 것은
하 왕조의 멸망을 의미했어.

모두의 지지를 받은 탕은 중국 역사상
두 번째 왕조인 '상(商)' 왕조를 세우게 됐어.

'탕이 황제 자리에
올라 하 왕조를
대신했다.'
《사기(史記)·하본기(夏本紀)》

그렇지만 한 사람으로 봤을 때
하 왕조의 걸왕도
완전히 '바보'는 아니었어.

네가 더 바보다!

흥!

'걸왕은…
네 마리 말보다 빨랐으며
용맹함이 남달랐다.
100번 싸우면 100번
이기니 제후들이 모두
두려워 떨었고,
그 권세가 결코
가볍지 않았다.'
《사기(史記)·율서(律書)》

하 왕조를 멸망시킨 탕(湯)

하지만 왕이었던 그는
백성이야말로
국가의 근본이라는 걸 잊었지.

'임금은 배와 같고,
백성은 물과 같다.
물은 배를 띄울 수도 있고,
배를 뒤집을 수도 있다.'
《순자(荀子)·왕제(王制)》

기억나? 선조였던 우(禹)왕 역시
홍수가 났을 때 백성들을 구하고
왕이 되었잖아.

홍수를 다스린 우왕

물은 배를 띄울 수도 있지만, 뒤집을 수도 있어.
이익과 욕심에 눈이 멀어 백성들을 억누르는 왕은

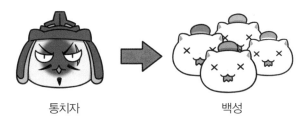

통치자   백성

결국 망하는 길을 걷게 되지.

통치자   백성

'걸왕의 포악한 정치는 결국 하 왕조를 다스리는 집단의 분열을 일으켰다…
백성을 억누르고 재정을 다 써버림으로써 하 왕조와 백성들 사이의
갈등은 골이 깊어졌으며, 각종 갈등과 충돌을 피할 수 없었다.
이것이 하 왕조의 멸망을 재촉했다.'
중국 사회과학원 《상대사(商代史)·2권》

그렇다면 새롭게 등장한 탕왕은 어땠을까?

이어서 계속

현대 학자들의 연구에 따르면 하 왕조는 하나의 연합체였다. 하 왕조 주변에는 크고 작은 부족들이 포진되어 있었는데, 그중 일부 부족은 이미 국가의 형태와 규모를 갖춘 상태로 발전해 있어서 하나의 국가인 '방국(邦國)'으로 부르기에 부족함이 없었다. 이러한 방국과 부족들이 강대한 하 왕조에 굴복했기 때문에 하는 '방국들의 우두머리'로 불렸다.

상(商)의 탕(湯)이 하를 정벌했을 때 상은 실질적으로 이미 '방국'의 형태를 갖춘 상태였다. 고대 사람들은 국가의 통치는 하늘이 내린 명령과 뜻이라고 생각했다. 그래서 상의 탕은 걸왕을 물리칠 때 '걸왕의 죄악이 하느님과 같은 상제를 분노하게 했기 때문에 본인이 하늘의 뜻을 받들어 그를 벌준다'고 선언했다. 후세에 이르러서는 탕이 하를 정복한 사건을 가리켜 '상탕혁명(商湯革命)'이라 불렀는데, 바꾸고 변화시키라는 하늘의 명을 받들어 왕조가 바뀌었다는 뜻이었다. 이는 현재 우리가 사용하는 혁명과는 다소 차이가 있다.

탕 역-꽈배기

걸 역-전병

참고 문헌 : 《사기(史記)》, 《상서정의(尚書精義)》, 《여씨춘추(呂氏春秋)》, 《통감외기(通鑑外記)》, 《열녀전(列女傳)》, 《제왕세기(帝王世紀)》, 《관자(管子)》, 《태공금궤(太公金匱)》, 《백가강단(百家講壇)·국사통감(國事通鑑)》, 《맹자(孟子)》, 《순자(荀子)》, 궈모러(郭沫若) 《중국사고(中國史稿)》, 인민교육출판사 《고등학교 과정 표준 교과서·필수 역사 3》, 중국 사회과학원 《상대사(商代史)》

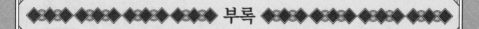
말희(妹喜)

말희는 걸왕의 총애를 받는 기생이었어. 전설에 따르면 외모가 매우 아름다웠는데, 남자 옷을 즐겨 입었고, 몸에는 칼을 지니고, 머리에 관을 쓰고 다녔대. 걸왕은 매일 그녀와 즐기느라 조정은 돌보지 않았다고 해.

하늘에서 내려온 새
- 제비를 섬기던 상 부족

《시경(試經)》에는 '하늘의 명을 받은 현조(玄鳥)가 내려와서 상(商)이 생겼다'라는 구절이 나와. 그래서 상의 초기 부족이 토테미즘으로 제비를 섬겼을 거라고 추측하기도 해. 고고학자들 역시 상이 건국 이후에 조류를 매우 숭배했다는 사실을 발견했지.

소 수레를 타던
상 민족

전설에 따르면 소 수레를 최초로 발명한 것은 바로 상 민족이라고 해. 그들은 소 수레에 물건을 싣고 다른 부족에게 가서 교환을 하고는 했는데, 이것이 바로 중국 초기의 상업 활동이었어. 후세에는 상 민족을 높여 '비즈니스의 조상'이라고 불렀어.

야옹이들의 프로필

꽈배기 역할 소개

꽈배기, 염소자리.

온순한 성격.

공부를 열심히 하지만
성적은 그저 그런 편.

불행한 일을 자주 경험하며

도시락이
다 엎어졌어…

감동적인 장면을 보면
눈물을 참지 못한다.

같이 연극하는 고양이들의
물건을 잘 가져다주며

158

마트 쇼핑을 좋아한다.

가장 즐겨 먹는 것은 컵라면.

유명한 배우가 되는 게 꿈이다.

팬 여러분, 감사합니다!

꽈배기의 방

제 8 장

•

왕을 도운 남자,

이윤(伊尹)

상은 중국 역사의 두 번째 왕조가 되었어.

'상의 탕(湯)이
하 왕조를 무너뜨리고
중국 고대 역사상
두 번째 왕조인
상 왕조를 세웠다.'
쉬젠신(徐建新)
《세계역사(제9권) :
고대 국가의 기원과
초기 발전》

상의 발전에 큰 공을 세운 두 인물을 꼽자면

상 초기의 두 영웅

하나는 나라를 세운 탕!

상 왕

탕

또 다른 하나는 바로 탕의 뒤에 있던 남자,

뛰어난 신하였던 이윤(伊尹)이었지.

전설에 따르면 이윤은 요리사의 아들로

프라이팬을
움직일 때는
힘을 써!

'유신씨(有莘氏)의 여자가
중천에서 아이를 주워
이를 군주에게 바치니
군주가 주방장에게
아이를 키우라고 명령했다.'
이는 양자로
받으라는 뜻이었다.
《여씨춘추(呂氏春秋)·
본미편(本味篇)》

이윤은 신분은 낮았지만 포부는 아주 컸어.

그는 마음속으로 상 부족의 우두머리 탕을
영웅으로 모시고 있었지.

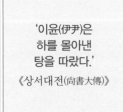

'이윤(伊尹)은
하를 몰아낸
탕을 따랐다.'
《상서대전(尚書大傳)》

마침 그때는 백성들이
하 왕조를 비난하던 시기였고

탕에게 가까워지기 위해 이윤은 탕의 약혼녀 집에 종으로 들어갔어.

얼마 뒤 탕이 신부를 데리러 왔을 때
이윤은 '혼수품'이 되어 탕 집으로 함께 들어갔어.

이윤(伊尹)의 이름은
아형(阿衡)이다.
아형이 탕을
만나고자 했으나
구실이 없었다.
(그래서 종으로 들어갔다.)
《사기(史記)·은본기(殷本紀)》

하지만 한낱 '혼수품'인 그가 어떻게 탕을 볼 수 있었을까?

예로부터 남자의 마음을 사로잡으려면
먼저 '위'를 사로잡으라는 말이 있지!

이윤이 누구야? 요리사의 아들이잖아.

그의 요리 솜씨는 곧바로 탕의 입맛을 사로잡았지.

머지않아 이윤은 '요리사' 신분으로 탕을 만났고

달과 별, 맛있는 음식에서부터 시작해서
중대한 일에 이르기까지 이야기를 나누었지.

**박력 있게
벽 치기**

'솥과 도마를
메고 와서는
국물의 맛을 말하면서
임금으로서 마땅히
지켜야 할 도리에
이르게 했다.'
《사기(史記)·은본기(殷本紀)》

'왕을 뵐 도리가 없자…
탕과 그 맛에 대해 말했다.'
《여씨춘추(呂氏春秋)》

그렇게 둘은 서로 좋은 친구가 되었고

이윤은 탕에게 없어서는 안 될 고양이가 되었어.

그는 평소에는 탕을 도와 부족의 일을 돌봤고

'천자와 가까이 하며
나라의 일을 돌보고
백성을 다스렸다.'
《묵자(墨子)·상현중(尙賢中)》

'탕은 그를 천거해서
나랏일을 맡겼다.'
《사기(史記)·은본기(殷本紀)》

전쟁이 나면 탕을 대신해 목숨을 걸고 싸웠지.

'이에 탕이 군대를 일으켜
제후를 거느리고
이윤이 탕을 따라나섰다.'
《사기(史記)·은본기(殷本紀)》

'이윤이 탕을 따라
걸을 몰아냈다.'
《상서(尙書)·탕세서(湯誓書)》

그렇게 이윤의 도움으로 탕은 하 왕조를 무너뜨렸고

멋지십니다!

죽어라!

夏하

'탕이 군대를 일으켜
제후를 거느리고
이윤이 탕을 따라나섰다.
탕이 왕의 자리에 올라
천하를 평정했다.'
《사기(史記)·은본기(殷本紀)》

상의 개국공신이 된 이윤은
상 왕조 역사의 첫 번째 '재상'이 됐어.
(쉽게 말해 넘버 투, 이인자가 된 거야.)

'탕이 그를 재상으로
천거했다.'
《묵자(墨子)·상현중(尚賢中)》

'이윤은 개국공신으로…
계속 재상을 맡았다.'
인민교육출판사《고등학교
과정 표준 교과서·필수 역사 1》

재상

엄마,
나 성공했어!

그리고 상 왕조를 위해 충성을 다했지.

商상

왕을 도운 남자, 이윤(伊尹)

이윤은 능력도 뛰어났지만, 수명도 아주 길어서

재상을 맡은 기간 동안
다섯 왕이나 보좌했어.

탕은 상 왕조를 세우고
얼마 되지 않아서

세상을 떠났어.

'탕은 왕이 된 지
13년이 지나
100세에 세상을 떠났다.'
《제왕세기(帝王世紀)》

탕의 태자는 아직 자리에 오르기도 전에

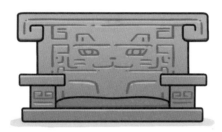

세상을 떠났지.

'탕이 세상을 떴으나
태자인 태정(太丁)이
왕위에 오르지 못하고
죽었다.'
《사기(史記)·은본기(殷本紀)》

왕을 도운 남자, 이윤(伊尹)

그래서 둘째 아들이
왕위에 올랐지만 3년 만에

또 세상을 떠났어.

'제외병(帝外丙)이
즉위 3년 만에
세상을 떴다.'
《사기(史記)·은본기(殷本紀)》

이후 셋째 아들이 즉위했는데
4년 만에

다시 세상을 떠났어.

'제중임(帝中壬)이
즉위 4년 만에
세상을 떴다.'
《사기(史記)·은본기(殷本紀)》

이렇게 세 명의 왕이 '세상을 뜨는 데도'
건재했던 이윤은

나라의 원로로서
위엄과 명성이 높아졌지.

왕을 도운 남자, 이윤(伊尹)

심지어 탕의 손자는 즉위 후 그를 두려워하기까지 했어.
한번은 나쁜 일을 저질러서

새로운 게임기
산 거 이 재상이
절대 알면 안 돼…

태갑이 탕의 법을
지키지 않았다.
《맹자(孟子)·만장(萬章)》

'제태갑(帝太甲)이 즉위 3년 동안
현명하지 못하고 포악해져
탕의 법을 지키지 않아
덕을 어지럽혔다.'
《사기(史記)·은본기(殷本紀)》

바로 이윤에게 잡혀 탕의 무덤을 지키는 벌을 받았지.

'이에 이윤이
그를 동궁(桐宮)으로
내쫓았다.'
《사기(史記)·은본기(殷本紀)》

'전하는 것에 따르면
동궁(桐宮)으로 쫓겨나
탕의 무덤을
지키게 했다.'
《일지록 권십팔(日知錄卷十八)》

어찌 할아버지를
하나도
안 닮으셨습니까!

나 무서워요!

재상!
잘못했어요!

여기서 정말 궁금한 것은…
(이윤이 혹시 탕 아내가 해야 하는 배역 대본을 잘못 가져온 것이 아닐까…)
탕의 손자는 왕릉에 3년이나 갇혔다가 풀려난 뒤

3년 후

'태갑이 동궁에서
3년을 지내며
자신의 잘못을 뉘우치고
선하게 돌아왔다.
이에 이윤은
태갑을 맞이하고
정권을 돌려주었다.'
《사기(史記)·은본기(殷本紀)》

나쁜 습관을 고치고 현명하게 나라를 다스린 다음

이제 난 틀렸어…

'태갑이 덕을 닦으니 이윤이 이를 기쁘게 여겨 〈태갑훈(太甲訓)〉 세 편을 지어 태갑을 칭송했다.', '제후가 모두 은(殷)으로 되돌아오고 백성은 안녕을 되찾았다.'
《사기(史記)·은본기(殷本紀)》

세상을 떠났어.

'태종(太宗)'이 세상을 떠났다.'
《사기(史記)·은본기(殷本紀)》

윤 명

* 태종(太宗) : 태갑의 묘호(죽은 뒤 살았을 때 활동을 기억해 붙인 이름).

장수의 아이콘, 이윤을 이길 수 없었던 거지.

내 무덤을 파느라 힘들지는 않으니 감사해야 할 거야.

175
왕을 도운 남자, 이윤(伊尹)

그는 100세가 되어
영예롭게 죽음을 맞이했고
후세에도 현명한 재상으로
길이길이 이름을 알렸어.

'이윤은 100세에
죽음을 맞이했다.'
《상구현지(商丘縣志)》

'이윤은 대를 이어
계속해서 그 이름을 알렸다.'
《여씨춘추(呂氏春秋)》

'이윤은 성인(聖人)처럼
그 일을 잘 감당했다.'
《맹자(孟子)·만장하(萬章下)》

다섯 왕을 모신 원로로서
이윤은 줄곧 상 왕조가 안정을 이루도록 도왔지.

'제옥정(帝沃丁) 때
이윤이 죽었다.'
즉 이윤은
탕의 증손이
왕에 즉위했을 때
비로소 세상을 떠났다.
《사기(史記)·은본기(殷本紀)》

사실 이게 바로
재상의 존재 이유이기도 해.

만일 한 국가가
왕의 말에만 좌지우지될 경우

믿을 만한 왕이 아니면 그 국가는 희망이 없어.

우둔함

비극

이럴 때 재상이 바로 국가의 안정을 위한
'안전장치' 역할을 하는 거야.
군주를 돕기도 하지만 권력을 제한하기도 하거든.

'황실의 권력과 재상의 권력은
서로 돕기도 하면서 싸우는
모순적인 관계에 있었다.
그들은 서로를 돕기도 했지만
서로를 제한하는 역할을 했다.'

리셴쩡(李現曾)
《중국 고대 재상의
정치적 역할에 관해서》

그렇다면 상 왕조 이후의 왕은
길이길이 잘 발전할 수 있었을까?

이어서 계속

편집자의 말 ◇◇◇◇◇◇◇◇◇◇◇◇◇◇◇◇◇◇◇◇◇◇◇◇◇◇◇◇◇◇◇◇◇◇

탕이 묻힌 곳에 대해서는 여러 의견이 전해 내려온다. 《한서(漢書)》에는 '묻힌 곳이 없다'고 기록되어 있지만, 후대에 제음(濟陰), 박성(薄城), 상구(商丘) 등에 묻혔다는 말이 전해졌다. 그러나 이 지역에 관해서는 특별히 연구된 것이 없다. 《일지록(日知錄)》에는 동궁(桐宮)은 탕이 묻힌 곳이었다는 기록이 있으며, 《상서 (尚書)》에서는 이윤이 태갑(太甲)을 동궁으로 보내 슬프고 괴로운 환경 속(부모의 상(喪) 중)에서 선왕의 가르침을 깨닫도록 했다(가장 가까이서 선왕의 교훈을 깨닫 게 했다)고 말하고 있다. 따라서 이윤이 태갑에게 탕의 묘지를 지키도록 했다고 한 것은 매우 근거가 있는 말이다.

이윤의 출신에 관해서는 《사기(史記)》에 두 가지 설이 등장한다. 하나는 이윤이 탕을 보기 위해 탕 약혼자의 몸종 신분을 자처해 그 집으로 들어갔다는 설이고, 다른 하나는 이윤이 관직에 욕심이 없어 조용히 살고 있었으나 탕이 여러 차례 그를 찾아가서 결국에는 승낙하게 되었다는 설이다. 그 외에도 다른 사료를 보면 '이윤이 탕의 약혼자의 가정교사였다'는 등의 설도 등장한다. 여기서는 《사기》 에 등장한 설을 택한 뒤 다른 사료는 보조 자료로 삼았으며, 장시(江西) 사범대학 팡즈위안(方志遠) 교수의 해석을 따랐다.

탕 역-꽈배기 이윤 역-떡

참고 문헌 : 《사기(史記)》, 《여씨춘추(呂氏春秋)》, 《상서대전(尚書大傳)》, 《묵자(墨子)》, 《제 왕세기(帝王世紀)》, 《맹자(孟子)》, 《상구현지(商丘縣志)》, 쉬젠신(徐建新) 《세계역사 (제9 권) : 고대 국가의 기원과 초기 발전》, 인민교육출판사 《고등학교 과정 표준 교과서·필수 역사 1》, 리셴쩡(李現曾) 《중국 고대 재상의 정치적 역할에 관해서》

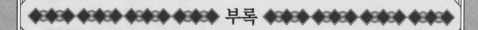
태갑의 명언

이윤 때문에 무덤을 지켰던 상왕의 이름은 태갑(太甲)이었어. 그는 다시 돌아온 뒤에 반성하면서 이런 말을 남겼다고 해.

"하늘이 내린 화는 피해갈 수 있지만, 본인이 자처한 화는 피할 수 없다."

그러니까 요즘 중국에 유행하는 말로 하면 '아무 짓도 하지 않으면 죽지는 않는다(No zuo(作), no die)'라고 할 수 있지.

중화요리의 선조 - 이윤

《여씨춘추(呂氏春秋)》의 기록에 따르면, 이윤은 불의 세기 조절이나 조미료 사용 등 자기만의 요리 이론을 갖고 있었다고 해. 그리고 그게 현재까지 내려오는 중원(中原) 요리의 큰 특징이기도 하지. 그래서 이윤은 '중화요리의 창시자'라고 불려.

이윤의 출생

전설에 따르면 이윤의 어머니는 임신을 한 뒤 뽕나무로 변했다고 해. 그 나무 구멍에 한 아기가 있었는데 그게 바로 이윤이었대.

야옹이들의 프로필

떡 역할 소개

떡, 처녀자리.

각종 지식을 섭렵했지만

특히 소문이나 사건 사고를
보는 것에 열중한다.

얘들은
원래 다리가
하나구나…

속이 시커멓고

항상 펜과 수첩을 들고 다니며

재밌는
얘기를
들었어!

다른 고양이의 비밀을 캐낸다.

이번에
또 소녀 피규어
샀다며?

100만이 넘는 구독자를 보유한
파워 블로거다.

100만

친구들을 도와 복습을 시킨다.

바나나를 정말 좋아한다.

떡의 방

제 9 장

●

무정(武丁), 상(商)나라를 다시 일으키다!

상 왕조의 역사에는 총 31명의 왕이 등장해!

그렇다면 그중에 가장 훌륭했던 왕은 누굴까?

상 왕조를 세운 탕이 바로
가장 훌륭한 왕인 것은 두말할 나위 없지.

'탕이 전쟁하러 나서니
갈(葛)부터 시작해서
열한 번이나
군사 행동을 했는데
세상에서 맞설 사람이
없었으니.'
《맹자(孟子)》

'탕이 천자 자리에 올라
하 왕조의 천하를
대신했다.'
《사기(史記)·하본기(夏本紀)》

하지만
나라를 세운 임금인 탕 이외에
상 왕조를 최고로 발전시킨 고양이가 있었으니

다름 아닌 제22대 국왕인 무정(武丁)이었어!

'무정이 통치한
50여 년 동안은
상 왕조가 가장
힘이 강했던 시기라고
말할 수 있다.'
젠보짠(翦伯贊)
《중국사 요강(中國史綱要)》
무정이 23대
왕이라는 설도 있다.

편하게 잘 자란 다른 왕들과는 달리
무정은 어릴 때 일반 백성들처럼 살았는데

가서
고생 좀 해라!

'고종(高宗)'은
오랫동안 밖에서 일하며
백성들을 아끼고
사랑했다.'
《상서(尚書)·
주서(周書)·무일(无逸)》

* 고종(高宗)은 무정왕의 묘호.

무정(武丁), 상(商)나라를 다시 일으키다!

덕분에 다른 왕들에 비해
백성들의 사정을 잘 이해했어.

늦으면
없어!

빨리!
오늘 시장에 가면
반값 할인이야!

> 마융(馬融)의 해석에 따르면,
> '무정은 태자 시절에
> 부친 소을(小乙)이
> 일을 시켜 밖에서
> 힘든 일을 했더니
> 백성이 하는 일을
> 이해하고 그들의 수고와
> 아픔을 알았다.'
> 《상서정독(尙書正讀)》
> 마융(馬融) 해석

그럼…
백성의 입장을 헤아리고 알아준 게
그의 최고 장점이었을까?

맞혀봐.

꺼억

그것은 아니고…
(오해하지 마!)

바로 탁월한 인재를 뽑아서 일을 맡기는 것이었어.

무정이 즉위했을 때는
상 왕조의 국력이 쇠약해지고 있었지.

'상나라는
쇠퇴하고 있었다.'
《사기(史記)·은본기(殷本紀)》

'황제인 무정이 즉위해
은을 부흥시킬
생각을 가졌다.'
《사기(史記)·은본기(殷本紀)》

나라 안으로는 우환이,
밖으로는 전쟁이 있었거든.

무정(武丁), 상(商)나라를 다시 일으키다!

이럴 때,

무정은 어떻게 했을까?

그는 아무 말도 하지 않았어….

(잘못 들은 거 아니냐고? 아니야.)

그는 즉위하고 3년 동안
아무런 정치적 명령도 내리지 않았지.

'3년 동안
말을 하지 않고
총재(冢宰)에게
정치 결정을
맡긴 채 나라의
기풍을 살폈다.'
《사기(史記)·은본기(殷本紀)》

신하들은 속이 터졌어.
(대체 일을 하겠다는 거야? 뭐야!)

전하, 어떻게 해야 할지
말씀을 하시옵소서!

'은의 무정 때에…
신하들이 근심해서
말하길 왕이 아무런
명령도 내리지 않고,
아무런 지시도
내리지 않는다 하더라.'
《국어(國語)·초어(楚語)》

'신하들이 왕에게
잘못을 고치도록
간언하니
'아아…' 하고
왕이 깊은 한숨을 쉬며
신하들의 간언에
입을 열었다.'
《상서(尚書)·상서(商書)》

신하들이 '이제는 망했구나' 생각한 순간
무정이 드디어 입을 열었어.

그는 하늘의 신인 상제가 보낸
지혜로운 성인이 자신을
돕는 꿈을 꾸었다면서

'그가 깊은 생각에 빠지니
꿈에 성인이 나타나
대신 상제의 말을 전했다.'
《상서(尚書)·상서(商書)》

'무정이 밤에
성인을 만나는 꿈을
꾸었는데
이름을 열(說)이라 했다.'
《사기(史記)·은본기(殷本紀)》

무정(武丁), 상(商)나라를 다시 일으키다!

"그의 얼굴을 그린 그림이다.
가서 이 고양이를 찾아오너라"라고 말했지.

'그의 그림을
그려 주니
신하들이 이곳저곳을
찾아다녔다.'
《상서(尙書)·상서(商書)》

신하들은 정신이 나간 것처럼 멍해졌지만
어쩌겠어. 왕의 명령대로 하는 수밖에.

'모든 관리에게
성 밖에서 찾으라 하니'
《사기(史記)·은본기(殷本紀)》

* 전설 : 전설적인 인물.

마침내
그림과 똑같이 생긴 고양이를
찾긴 했는데…노예가 아니겠어!

'부(傅)에서 성을 쌓는
사람이 있는데
초상화와 일치한다 하더라.'
《상서(尙書)·상서(商書)》

'부험(傅險)이란 곳에서
열(說)을 얻었다.
이때 열은 죄를 짓고
부험에서 성을 쌓고 있었다.
무정에게 보이니
무정이 "맞다"라고 했다.'
《사기(史記)·은본기(殷本紀)》

하지만 알고 보니 그는 지식이 해박하고
병법에도 능한 고양이인 거야.
(너무 환상적이야…)

'함께 이야기를
나누어보니
과연 성인이더라.
그를 재상으로 천거하니.'
《사기(史記)·은본기(殷本紀)》

이후 그를 재상으로 임명했더니
왕을 최선을 다해 도왔지.

'상나라가
잘 다스려졌다.'
《사기(史記)·은본기(殷本紀)》

전하, 날이 많이
어두우니 제가
부축해드리죠.

좋다.

…

대체 이게 어떻게 된 일일까?
(다들 어안이 벙벙했지.)
정말로 신의 뜻이었던 걸까?

무정(武丁), 상(商)나라를 다시 일으키다!

당연히 아니었어!
(다들 그 내막을 어찌 알겠어?)

사실 그는 무정이 일반 백성들과
생활하던 시절에 알게 된 노예였어.
(당시 그가 매우 유능하다 생각했지.)

'노예 출신인 그는
무정이 바깥세상에서
사귄 사람으로,
신분은 미천했지만
병법에 능하고
지식이 해박했던 것으로
전해진다.'

펑방중(彭邦炯)
《상왕 무정을 이야기하다》

하지만 그 시절에는 별다른 수단을 쓰지 않는 이상
노예 신분으로 '인생 역전'을 이뤄내기는 어려웠어.

그래서
그가 노예 출신이라는 사실을 덮기 위해
무정이 큰 그림을 그렸던 거야.
(이제 알겠지?)

'현명하고 어질었던
그를 등용하고 싶었으나
출신이 미천하니
모두가 이를 탓하고
반대할 것이 분명했다.
그래서 꿈을 핑계댔다.'
《통감외기(通鑑外記)》

정말 대단하지 않아?
그런데 그것보다 더한 게 있어.
사실 노예에게 재상 자리를 준 건
아무것도 아니었지.

우리 할아버지의
할아버지의 할아버지도
이렇게 하셨어….

탕

이윤

우리 할아버지의
할아버지의 할아버지도
이건 못하셨지….

부호

여장군

왜냐하면, 무정은
자기 부인에게
장군을 시키는
남자였거든!

무정은 재위 기간 전쟁을 적지 않게 벌였는데

아, 전방에 있나?

그의 부인이 바로 상나라의 대장군이었어.

'거북의 등딱지나
짐승의 뼈에 생긴
상형문자인 갑골문(甲骨文)에는
부호(婦好)가 강방(羌方),
토방(土方), 파방(巴方),
시방(尸方) 부족과의 전쟁에
참가했던 것으로
기록되어 있다.'
중국 사회과학원《상대사(商代史)》

네, 여보,
무슨 일 있어요?

덤벼! 덤벼!

하!

상은
바보다!

일단 작은
나라들이 와서
대들면…

무정은 곧바로 아내를 보냈어!

'부호(婦好)는 왕후였을 뿐 아니라
손에 무기를 든 여장군이었다.'
출토된 갑골문 중에는
부호가 병사들을 이끌고
전쟁에 나갔다는 이야기가
여러 차례 기록되어 있다.
그중에는 가장 큰 전쟁도
포함되어 있으며, 당시 수만 명의
군대를 동원한 것으로 알려져 있다.
CCTV 인문역사 총서 《왕조의 비밀》

'전쟁 전에 부호가
적의 서쪽에 군대와
숨어 있으면, 무정이 군대를
거느리고 동쪽에서
적군을 습격하기로
계획을 세웠다…
이것이 중국에서 최초로
문자로 기록된 '매복전'이었다.'
리보친(李伯欽), 리자오샹(李肇翔)
《중국통사(中國通史)》

그녀는 전쟁에도 능했지만
중국 역사상 처음으로
매복 전투를 했던 장군이기도 했어.

상 왕조 시기 무정이
물리친 작은 나라만 해도 81개에 달한다고 해.

'최종적으로
무정 시기에 정벌한 방국이
81개였다.'
왕위신(王宇信), 양성난(楊升南)
《갑골학 일백년(甲骨學 一百年)》

무정(武丁), 상(商)나라를 다시 일으키다!

정말 대단하지 않아?
나라 안에서는 친구가, 나라 밖에서는 부인이 돕는다니 말이야!

이로써 상 왕조는
더욱 튼튼해졌고
영토 역시 계속
넓어졌어.

무정은 재위 59년에
상의 태평성세를 이뤘지.

'무정이 정치를 바로잡고
덕을 행하니
천하가 모두 기뻐하고
은의 통치가 부흥했다.'
《사기(史記)·은본기(殷本紀)》

'상이 날개를 달고
사방으로 뻗어 나가니
모두 기뻐하고 환호했다.'
《시경(詩經)·상송(商頌)·은무(殷武)》

주희(朱熹)는 '고종,
즉 무정의 중흥이
이처럼 성했다'라고 해석했다.

노예 재상과 여성 장군은
다른 왕조 시대에는 상상도 할 수 없는 조합이었어.

그러나 재능만 있으면 인재를 뽑는다는 생각이
무너져가던 상 왕조에 새로운 생기를 불어넣었지.

'선조의 시대에 취한
현명한 방법으로
왕과 신하 위아래 모두 덕을 입고,
은의 백성들도 즐거워했다.
가까운 사람과 멀리 있는 사람 모두
기뻐했으며, 백성이 배불리
먹고 눈이 밝아졌다.'

《대대례기(大戴禮記)
·소간(少間)》

모든 시대에 이런 왕이
항상 있는 것은 아니었지.
그렇다면 상나라 말기의 임금은
어떤 모습이었을까?

나 또 바뀌냐?

이어서 계속

무정(武丁), 상(商)나라를 다시 일으키다!

무정 시기의 상 왕조는 수많은 '방국'을 정벌했다. 방국은 상 왕조 주변의 부족과 국가들로 갑골문에는 '인방(人方)', '토방(土方)'과 같이 '~방(~方)'으로 기록되어있다. 대부분의 방국 규모는 작은 편이어서 일부 원시 씨족 부락의 형태였지만, 일부 소수 방국의 규모는 정부 기관을 갖출 만큼 규모가 큰 편이었다.

이 시기에는 귀족 여성의 지위도 상승해 정치나 경제, 군사나 종교 등 각종 영역에서 활동할 수 있었으며, 이러한 사람들을 '제부(諸婦)'라 불렀다. 상 왕조 역사 가운데서는 무정의 때가 '제부'들이 가장 많이 활약하던 시기였다.

무정 역―라면

전설 역―꽃빵

부호 역―만두

참고 문헌 : 《맹자(孟子)》, 《사기(史記)》, 《상서(尚書)》, 《상서정독(上書正讀)》, 《국어(國語)》, 《통감외기(通鑑外記)》, 《시경(詩經)》, 《대대례기(大戴禮記)》, 젠보짠(翦伯贊) 《중국사 요강 (中國史綱要)》, 펑방중(彭邦炯) 《상왕 무정을 이야기하다》, 중국 사회과학원 《상대사(商代史)》, CCTV 인문역사 총서 《왕조의 비밀》, 리보친(李伯欽), 리자오샹(李肇翔) 《중국통사(中國通史)》, 왕위신(王宇信), 양성난(楊升南) 《갑골학 일백년(甲骨學 一百年)》

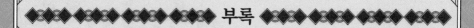
무엇이든 잘하는 만능 부인
- 부호(婦好)

갑골문 기록에 따르면 무정의 부인 부호는 싸움과 전쟁을 잘했을 뿐 아니라, 자신의 신하와 백성, 영토인 봉지(封地)를 소유하면서 정기적으로 무정에게 공물을 바쳤다고 해.

'사모무정'과 '후모무정'

훌륭한
부인들이야!

무정에게는 부정(婦妌)이라는 또 다른 부인이 있었는데, 세계적으로 가장 큰 청동기 '사모무정(司母戊鼎)'이 바로 그녀를 위해 만든 것이라고 해. 하지만 지금 학자들은 상 시대 글자의 좌우 방향을 정확히 알 수 없으므로 사(司)가 사실은 '후(后)'일 수도 있다고 생각해. 그래서 중국국가박물관에는 '후모무정(后母戊鼎)'으로 전시되어 있지.

코끼리를 다스리던 상 왕조

현재 출토된 청동기와 갑골문, 짐승의 뼈 등에서는 상 왕조 주변 지역에서 코끼리가 활동했다는 증거들이 나왔어. 나아가 고대 서적에는 상나라 사람들이 코끼리를 훈련시켜 전쟁에 나갔다는 기록이 있어. 일부 학자들은 상 왕조 시기, 중원 지역의 기온이 높은 편이었기 때문에 코끼리가 살기 적합했다고 주장해.

만두 역할 소개

만두, 전갈자리.

귀여운 외모를 가졌지만
사실은 괴력을 지닌 여장부.

성격은 최고로 시원시원하며

헤이!

먹는 것도 최고다.

꼬치와 맥주를 가장 좋아하며

약 먹는 것을 싫어하고

노래방에서 마이크를
한 번 잡으면 놓지 않지만

200

사람으로
변한다면?

음치다….

귀여운 치마를 모으는 게 취미다.

만두의 방

제 10 장

•

상
왕조가 무너지다

기원전 1046년,
상 왕조의 대하드라마가 드디어 막을 내리게 돼.

'기원전 1046년,
주무왕(周武王)이
상을 몰아내고
주 왕조를 건립했다.'
인민교육출판사
《고등학교 과정 표준 교과서
·필수 역사 1》

상 왕조 말기의 왕은 술과 여자에 빠져
잔인함이 말할 수 없었고,

결국은 싸움에 져 멸망하고 말았지.

그렇다면

상 왕조는 대체 뭘 했기에 망하게 되었을까?

그것을 알려면 상 말년의 왕인 주왕(紂王)을 얘기해야 해.

제을(帝乙)이 세상을 뜨자
아들 신(辛)이 즉위했다.
이 사람이 제신(帝辛)이고,
천하가 그를 주(紂)라 불렀다.
《사기(史記)·은본기(殷本紀)》

자, 그럼 인터뷰를 해보자.

나라가 망한다는 건
어떤 느낌인가요?

CAT TV

먼저 체제부터 얘기해 보자면...

감사합니다.

상 왕조는 총 세 개의 '기둥'이 받치고 있었는데

바로 '제사장', '왕', '귀족'이었어.

'상 왕조의 최고 통치자는 '왕'이었다.'
중국 사회과학원
《상대사(商代史)·4권》

'상나라 사람은 신을 섬겼으며, 신의 법(神法)으로 백성을 다스리고, 먼저 신을 섬긴 뒤에 예를 다했다.'
《예기(禮記)·표기(表記)》

'사회의 부가 점점 소수의 귀족에게 집중되었다.'
바이서우이(白壽彝)
《중국통사(中國通史)》

물론 왕이 가장 높기는 했지만

나머지 두 파의 의견도 잘 들어줘야 했어.

상은 굉장히 미신을 믿는 왕조여서

'상나라 사람은
신을 섬겼으며, 신의 법(神法)으로
백성을 다스리고,
먼저 신을 섬긴 뒤에
예를 다했다.'

《예기(禮記)·표기(表記)》

'15만 편이 넘는 상나라와
관련된 갑골에서는 상나라
사람이 신권(神權)을 행하고
숭배했다는 실질적인
기록이 발견되었다.'

왕허(王和)《중국 초기 국가 사화》

아침부터 저녁까지 점괘를 봤어.

'귀신을 숭상했던
상 왕조 사람들은 모든 일에
점괘를 봤다.'
인민교육출판사
《고등학교 과정 표준 교과서
·필수 역사 1》

밥을 먹을 때도

'점을 쳐 부정(婦姘)이
연회를 열었다.'
갑골문《합집(合集)》8992

사냥을 나갈 때도

'오랑캐 땅에서 사냥해도
괜찮겠는가?'
(갑골문《합집(合集)》37564)처럼
왕이 사냥하면서
화를 입지 않을지 점쳤다.

심지어 이가 아파
치통이 있을 때도 점을 봤지.

'부호(婦好)는
이가 아프지 않을 것이다.'
갑골문 《합집(合集)》 773갑(甲)

그래서 제사장이 일단 말하면
'왕'은 방법이 없었어.

'상나라의 제왕은
승려의 말에
좌우되고 지배당했다.
승려 귀족은
정치의 실질적인
지배자였다.'
《우저문집(吳澤文集)》

점괘에 오늘은
자면 안 된다고
합니다.

제사장

상 왕조 시대에 관직에 오르려면
출신 배경을 꼭 봐야 했고

평민

귀족

면접관

중요한 관직은 모두 귀족들이 차지했어.

'중요한 직위는
기본적으로
일부 귀족에게
고정되어 있었다…
귀족이 관직에 오른다는
제도가 존재했기 때문에
사람을 등용할 때
상왕의 지배권에는
많은 제약이 따랐다.'
중국 사회과학원
《상대사(商代史)·11권》

'높은 자리에 있는
신하들과 제사를 맡은
사람들이 찬성하면
국왕이 반대하는 일이라도
좋다고 여겨 실행했다.'
《상서(尙書)·홍범(洪範)》

만일 세 '기둥' 중 두 파가 반대하면
왕은 아무것도 결정할 수 없었지.

이런 현상은 강력한 왕이
등장하기 전까지 계속되었어.
(변화가 일어났어.)

그는 지식이 남달랐고

아홉 마리 소를
끌고 다닐 만큼 힘이 셌지.

재위 기간에는
출신이 비천한 인재를 등용했고

귀족을 배척했으며
(관직 자리가 없었거든.)

'집에서 늙도록 살까요?'
'노인과 벼슬아치들에게
반기를 들고 있다.'
《상서(尚書)·미자(微子)》

'주왕(紂王)은 귀족 등용을
멀리하는 태도를 취했다.'
중국 사회과학원
《상대사(商代史) 11권》

점괘를 배우고

'제사'를 멀리했어.
(점을 보지 않은 거지.)

'제5기 제을(帝乙),
제신(帝辛)에
이르기까지 왕은 직접
점을 보았으며,
왕 한 사람이 점괘를 집행했다.
이에 고서에는 제신이
점점 귀신을
경멸했다고 말한다.'
《우저문집(吳澤文集)》에
실린 갑골문 점괘에 관한 대목 중

그러다 왕이 대권을 독점하게 되었고

'갑골문 점괘와 주 시대
청동기에 적힌 문자에는
당시 동부의 일부 방국이
상의 영토를 침략하려
했다가 전쟁을 일으켰다는
기록이 나온다.'

중국 사회과학원
《상대사(商代史)·9권》

사리를 구분 못 하고 덤비던
주변의 작은 나라들은
하나하나 반죽음을 당하게 되었지.

(물론…돈도 많이 들어갔어…)

국력이
쇠약해졌네…

> '주왕(紂王)이 동이(東夷)를
> 정복하고 타격을 입었다.'
> 《좌전(左傳)》
>
> '제신이 마침내 동방 지역을
> 정복했으나 대량의 자원을
> 다 써버렸다.'
> 중국 사회과학원
> 《상대사(商代史)·11권》

모든 권력을 손에 넣은 그때 주변을 다시 돌아보니
'귀족'과 '제사장'은 이미 외부와 내통하면서
서쪽의 주(周)나라와 손을 잡은 상태였지.

> '상나라 안의 사신들이
> 주나라와 손잡고 도망갔다.'
> 《여씨춘추(呂氏春秋)》
>
> '상의 귀족들은 주왕(紂王)이
> 주나라와 연합하는 것을
> 반대했는데, 이는 주나라
> 사람들의 힘으로 주왕(紂王)을
> 전복시키기 위함이었다.'
> 중국 사회과학원
> 《상대사(商代史)·11권》

지금
움직이셔도
됩니다.

보스!
저희가
왔습니다.

미워!

결국 그렇게 상 왕조는 몰락의 길을 걸었고
(흥, 쳇!)

상 왕조가 무너지다

뭐냐면

술을 자주 마심

제사를
불성실하게 드림

암컷 고양이에게 푹 빠짐

귀족을 밀어냄
신분이 낮은 고양이를 뽑음

귀족   백정

교만함

'고문에 나온 내용을
제외하고, 주왕(紂王)이
최초에 지은 죄악을 열거하면
여섯 가지에 해당한다.
술에 취하고,
귀족을 등용하지 않았으며,
미천한 신분의 소인을 등용했고,
여인들의 말에 귀를 기울이고,
하늘의 뜻이 곧 자기에게 있다고
믿고 제사를 지내지
않았던 것이다.'

구제강(顧頡剛)《주왕(紂王)의
70가지 죄악에 관해서》

당시에는 모든 조항이 매우 큰 죄악이었죠.

그도 재위 기간에 자신과 같은 고양이를 제물로 바치며 제사를 드렸어.
(상나라 대대로 내려오는 풍습이었지.)

이것은 우리 상 왕조의 전통이다.

선왕들은 그보다 훨씬 더 많이
제사를 드렸어!

'제을, 제신 시기에
많게는 사람 30명을
제물로 바쳤다.'
탕지건(唐際根)
《은허(殷墟), 한 왕조의 그림자》

'상 왕조 말기 제을,
제신 시기에는 사람을
제물로 드리는 제사가
눈에 띄게 줄어들었다.'
중국 사회과학원
《상대사(商代史)·8권》

하지만 돌이켜 보면 주왕의 '죄목'들은
모두 왕권의 집중을 위한 것이었어.

중국 정치 역사에 계속해서
등장하는 주제가 바로 왕권이야.

'중앙집권제도는
고대 중국 정치제도의
특색을 잘 보여주며,
중국 역사에
심대한 영향을 미쳤다.'
인민교육출판사
《고등학교 과정 표준 교과서·
필수 역사 1》

만일 유능한 군주에게
왕권이 집중되면 국가를 더 효율적으로 운영할 수 있어.

하지만 왕이 독단적이고 이기적이면
내부 세력의 반대와 국가의 혼란을 가져오지.

그렇다면 상나라 주왕의 최대 적이었던 주나라는
어떤 이야기를 가졌을까?

이어서 계속

주왕의 이름은 '수(受)' 또는 '수덕(受德)'이었으며, 제신은 묘호, 즉 왕이 죽은 후에 공양을 받을 때 부르는 이름이다. '주(紂)'는 주무왕(周武王)이 지어준 시호다. 원래 시호는 왕이 사망한 후에 생전의 공적과 품행에 근거해 붙이는 이름인데 '주'는 '잔인하고 선을 행하지 않았다'라는 나쁜 의미였다.

상 왕조 시기 신권과 왕권, 군왕과 귀족 사이의 투쟁은 하나의 장기적인 과정이었다. 갑골문을 보면 주왕의 아버지 때에 이르자 신권이 이미 쇠락하기 시작했고, 귀족을 멀리했다고 기록되어 있다. 동이(東夷) 징벌은 주왕 부자가 공동으로 이뤄낸 사업이었다. 그러나 주왕 시기에 시행한 정책의 방식이 너무 강경했고, 몇몇 모순과 갈등이 첨예해져 이로써 상 왕조의 멸망을 가져오게 되었다.

중국 사회과학원의 《상대사(商代史)》에서는 상 왕조의 귀족들이 주(周)나라와 연합한 까닭은 단순히 주왕을 몰아내고 새로운 왕을 세우기 위해서였지 상나라를 무너뜨리려는 것은 아니었다고 추측했다. 하지만 주무왕은 주왕을 몰아내고 하늘에 제사를 올리며 스스로 천하의 주인임을 천명했다. 이때 상나라의 귀족들은 그를 막을 힘이 없었다.

주왕 역-전병

참고 문헌 : 《사기(史記)》, 《예기(禮記)》, 《갑골문 합집(甲骨文合集)》, 《상서(尙書)》, 《제왕세기(帝王世紀)》, 《좌전(左傳)》, 《여씨춘추(呂氏春秋)》, 인민교육출판사 《고등학교 과정 표준 교과서·필수 역사 1》, 중국 사회과학원 《상대사(商代史)》, 바이서우이(白壽彛) 《중국통사(中國通史)》, 왕허(王和) 《중국 초기 국가 사화》, 우저(吳澤) 《우저문집(吳澤文集)》, 구제강(顧頡剛) 《주왕(紂王)의 70가지 죄악에 관해서》, 탕지건(唐際根) 《은허(殷墟), 한 왕조의 그림자》

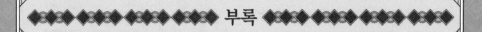

신을 섬기던 상의 백성

상 왕조 백성들은 미신을 굉장히
믿었어. 거의 매일 신과 조상에게
제사를 드렸지. 이렇게 신에게 뇌
물을 드리며 자신들의 편안함이 지
켜지길 바랐어.

더는 제사 안 지내!

주왕이 제사제도를 개혁한 뒤 '신진'
귀족들과 다소 낮은 귀족들의 선조들
은 더는 국가의 제사를 드리지 않게
되었지. 주왕은 이 일로 귀족들에게
엄청난 미움을 받았어.

조상들의 돈
- 조가비(조개 껍데기)

상 왕조 시기에 조가비는 매우 귀했어.
그래서 이것을 화폐, 즉 '돈'으로 사용
했지. 조가비로 물건을 살 수도 있었
고, 국왕이 신하들에게 상을 내릴 때
자주 사용했다고 해. 보배의 본딧말인
'보패(寶貝)'에서 '패(貝)'는 조개라는 뜻
이야.

전병 역할 소개

전병, 물고기자리.

흉악한 인상 때문에
악역을 전담한다.

치우　　유호씨　　우마왕

하지만 실제로는 공주과.

극단에서 소녀 역할을
담당하고 있으며

마법을
부리는 소녀가
되고 싶어.

마카롱을 좋아하고

너무
귀엽다!

소녀 만화를 즐겨 읽는다.

왜 고백을
못 하는 거냐…

사람으로 변한다면?

외모 때문에 어딜 가든
자리를 양보 받는다.

제일 싫어하는 것은 땀 흘리는 것.

냄새…

전병의 방

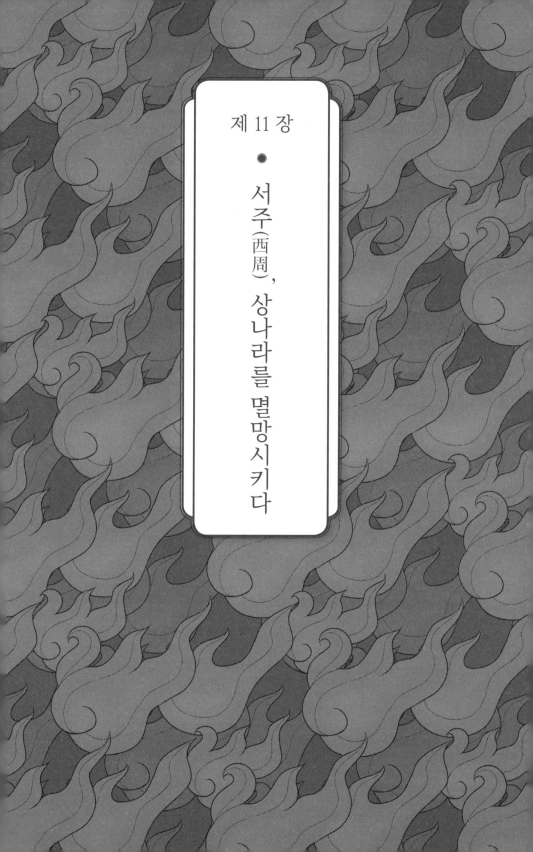

제 11 장

•

서주(西周), 상나라를 멸망시키다

역사는 한 편의 연극 같아.
노래 한 곡이 끝나면 곧바로 또 다른 막이 오르지.

상 왕조에 이어 중국 역사상
세 번째 왕조인 주(周) 왕조가 등장했어.

《사기(史記)》에 따르면
주가 상 왕조를 대신하기 전에
네 번의 지도자를 거쳤다고 기록되어 있어.

'주 사람들이
상을 멸망시키기 전에
이미 100여 년 동안
4대 왕을 거쳤다.'
중국 사회과학원
《상대사(商代史)·11권》

다시 말해 주는 아주 오래된 부족이었던 거야.

제순(帝舜) 시기
농사일을 관리했던 주의 백성들은
매일 열심히 밭을 갈았지만

'제요(帝堯)가 소문을 듣고
기(棄)를 농사를 가르치는
사람으로 삼았더니
온 세상이 그 이득을 보는
공을 세웠다. 제순은
"기(棄), 자네는 백성들이
굶고 있으니 농사를
담당하는 장관인
후직이 되어 때에
맞추어 온갖 곡식의
씨를 뿌리도록 하라"고 했다.'
《사기(史記)·주본기(周本紀)》

주변 만족(蠻族)들에게
끊임없는 공격과 멸시를 당했지.

'훈육(薰育)과 융적(戎狄)이
공격해와 재물을 얻으려 해서
주었다. 다시 공격해와
땅과 백성을 요구하자
백성들이 모두 화가 나
싸우려 했다.'
《사기(史記)·주본기(周本紀)》

그러자 첫 번째 주의 우두머리가 백성들에게

이사를 가자고 호소해.

'"백성들이 나를 위해서 싸우면
그들의 아버지와 아들을 죽여서
그들의 왕이 되는 것이다.
나는 차마 그렇게는 못 하겠소"
라고 했다. 그러고는 자신에게
속한 사람들과 함께
빈(豳)을 떠났다.'
《사기(史記)·주본기(周本紀)》

그리고 주 부족은 기산(岐山) 일대에
거주하며 그곳에 뿌리를 내리지.
(서기(西岐) 이름의 유래가 되기도 해.)

'주 사람들은 압박에
시달리다가 주나라 왕
고공(古公)과 함께 살던 곳을 떠나
기산 아래 주원(周原)으로
이주했다.' (지금의 산시(陝西))

젠보짠(翦伯贊)
《중국사 요강(中國史綱要)》

초대 원로의 뛰어난 안목 덕분에
그와 그의 아들에 이르기까지
부족은 발전에 발전을 거듭해.

감독님,
저 언제
나갈까요?

1대   2대

'이웃한 다른 나라도
고공이 어질다는
소문을 듣고
많이 귀순해왔다.'
《사기(史記)·주본기(周本紀)》

주의 백성들은
도시를 건축하고

농업을 부흥시켰어.

그렇게 2대에 걸친 노력으로
주는 점점 안정적으로 발전했고

'고공은 융적의
풍속을 없애고,
성곽을 쌓고, 집을 지어
읍에 나누어 살게 했다.
다섯 개의 관직과
담당관을 두었다.
인민들이 모두 즐겁게
노래 부르며
그 덕을 칭송했다.'
《사기(史記)·주본기(周本紀)》

주변에서도 더는
그들을 무시하지 않았어.
(무럭무럭 자라고 있다고!)

'아버지가 죽자
그의 아들 계(季)가 즉위했다.
이 시기 주 사람들은
점점 강해졌고…
서북에서 온 유목 부족의
위협을 몰아내는 것은
기본이었다. 이로써
주 사람들은 위수(渭水)
중부 유역의 통치를
더욱 튼튼하게 할 수 있었다.'

젠보짠(翦伯贊)
《중국사 요강(中國史綱要)》

그런데 이런 부족이 왜
'반란'을 일으키게 된 것일까?

자, 그 얘기를 하려면 주의 3대 지도자인
문왕(文王)을 알아봐야 해.

내가
그랬다!

문왕은 인(仁)과 의(義)를 아는 리더였어.

세상으로
나가자!

왕이라면
어질고,
의로워야지!

'서백이 문왕이었다.
그는 후직과 공류의 선대부터
내려온 유업을 따르고,
고공와 공계의 법을
본받아 어진 정치를
돈독히 행했다.'

《사기(史記)·주본기(周本紀)》

그는 노인을 공경하고,
아이를 사랑했으며,
인재들에게 예를 다했어.

아우 먼저…

'노인을 공경하고,
어린이를 사랑했다.
유능한 인재는
자신을 낮추는 예로 대하되,
해가 중천에 뜰 때까지
밥 먹을 겨를도 없이
인재를 대했다.
인재들이 이 때문에
그에게 많이 몰렸다.'

《사기(史記)·주본기(周本紀)》

서주(西周), 상나라를 멸망시키다

그런 그 덕분에 주는 놀랄 만한 성장을 거뒀지.

> '온 세상 땅의
> 삼분의 이를 소유할 만큼
> 성장했다.'
> 뤼쓰몐(呂思勉)
> 《중국민족사(中國民族史)》

너무 많이 성장해서
상 왕조를 불안에
떨게 만들기까지 했어.

그러자 상 왕조는 문왕을 잡아 가두었어.

> '제주(帝紂)'가 바로
> 서백(西伯, 문왕)을
> 유리(羑里)에
> 가두었다.'
> 《사기(史記)·주본기(周本紀)》

자신들의 왕을 구하기 위해
주의 백성들은 많은 재물을 상 왕에게 바쳤어.

'괵요 등이 걱정이 되어
유신씨(有莘氏)의 미녀,
여융(驪戎)의 얼룩말, 유웅(有熊)의
네 마리 말이 끄는 수레 아홉 대를
다른 기이한 물건들과 함께
은의 총애 받는 비중(費仲)을 통해
주(紂)에게 바쳤다.'
《사기(史記)·주본기(周本紀)》

거액의 보석금을 주고 풀려난
문왕은 다시 집으로 돌아올 수 있었지.

'주(紂)는 크게 기뻐하며…
바로 서백을 풀어주는 한편,
활과 화살 그리고 큰 도끼를
내려 서백이 (제후를)
정벌할 수 있는
권한을 주었다.'
《사기(史記)·주본기(周本紀)》

무고하게 잡혀간 그 일로
문왕은 크게 화가 났어.

그래서 자신의 나라를 더욱 발전시키는 데 열중했어.

월급을 많이 주면서
인재를 발굴하고

'문왕이 위빈(渭濱)에서 인재를 얻어
왕을 보좌하는 높은 벼슬인
태사(太師)로 등용했다.'
《통지(通志)·씨족략(氏族略)》

'주의 서백이 사냥을 나섰다가
태공을 위빈에서 마주치니
"태공이 나와 함께하길 원한다"라고
말했다. 이에 '태공망(太公望)'이라
부르고, 그와 함께 돌아와
태사로 책봉했다.'
《사기(史記)·제태공세가(齊太公世家)》

주변 작은 나라들과 관계를 다졌지.

'제후가
이 이야기를 듣고는
"서백이 천명을 받은
군주인가 보다"라고
말했다.'
《사기(史記)·주본기(周本紀)》

그러고는 상을 지지하는
국가들을 하나씩 처리하기 시작했어.

그렇게 조금씩, 조금씩
올라가다가

'이듬해 견융(犬戎)을
공격했고, 그다음 해에는
밀수(密須)를 공격했다.
또 그다음 해에는 기국(耆國)을
무찔렀다…이듬해는
우(邘)를 공격했고,
그다음 해에는
숭후호를 공격했다.'
《사기(史記)·주본기(周本紀)》

결국 문왕도…세상을 떠났어.

죽어라
일만 하다가
가는구나…

'이듬해 서백이
세상을 떠났다.'
《사기(史記)·주본기(周本紀)》

그렇게 복수의 무거운 짐은 4대 왕에게 주어졌으니

그는 바로 문왕의 아들인 무왕(武王)이었어!

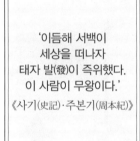

'이듬해 서백이
세상을 떠나자
태자 발(發)이 즉위했다.
이 사람이 무왕이다.'
《사기(史記)·주본기(周本紀)》

당시 상 왕조는 이미 고통스러운 상태였지.

여러 해 동안 발전을 거듭하며
무왕은 시기가 무르익었음을 직감했어.

그래서 큰소리로 외쳤지.

반격이다!

'무왕은 자신을 태자 발(發)로
칭하며, 문왕을 받들어
정벌하겠다고 했으나
혼자 섣불리 나서지는 않았다.'
《사기(史記)·주본기(周本紀)》

그 소리에 수많은 제후가
그를 따라나섰어.

누구야?!

누가 반역을 했냐?
도우러 가자!

누구냐!
가자!

'이때 제후와 날짜를
기약하지 않았는데도
맹진(孟津)에 800 제후가
모여들었다.'
《사기(史記)·주본기(周本紀)》

제후들은 무왕이 눈앞에서 상이 멸망하는 것을
지켜봐야 한다고 했지만

그는 그렇게 하지 않고
뒤로 물러나서 계속 힘을 축적했어.

'무왕은 "그대들은 천명을
모르오. 아직 아니오"라고
말하고는 곧 군대를 돌렸다.
《사기(史記)·주본기(周本紀)》

그렇게 힘을 모으는 데 2년이 걸렸고

2년 뒤 상은 음악을 맡는 악관(樂官)들까지
전부 도망칠 정도로 혼란에 빠졌어.

내가
하고 싶은
음악 할래!

살 수가
없다.

'태사(太師) 자(疵)와
소사(少師) 강(强)이
악기를 끌어안고
주(周)로 달아났다는
이야기가 들렸다.'
《사기(史記)·주본기(周本紀)》

그때 무왕은 다시 상을
무찌르자고 외쳤어!

이번에는
진짜
반격이다!

물리쳐라!

공격하라!

이번에는 따르는 제후들이
훨씬 많아졌지.

위풍당당한 주의 군대는
공격할 때마다 승리를 거뒀고

'맹진을 건넜고,
제후들이 모두 모였다.'
《사기(史記)·주본기(周本紀)》

'상을 치러 모이니
그 무리가 숲과 같았다.'

《시경(詩經)》

상의 군대는 속수무책으로 무너졌어.

'무왕이 치고 들어오자
주(紂)의 병사는
모두 무너졌다.'
《사기(史記)·주본기(周本紀)》

전쟁의 승리는 곧 주가
정식으로 상 왕조를 무너뜨렸다는 것을 의미했지.

그렇게 4대 지도자를 거쳐
주 왕조가 정식으로 세워졌어.

'그렇게 무왕이
상을 무너뜨리고
천하를 다스리게 되었다.'
《사기(史記)·
제태공세가(齊太公世家)》

새 왕조가 등장하면서 새로운 세상이 열렸어.
그렇다면 주 왕조는 어떻게 통치를 해나갔을까?

야옹!

이어서 계속

제1대 주왕 역–물만두
제3대 주왕 역–물만두
제4대 주왕 역–물만두

참고 문헌 : 《사기(史記)》, 《통지(通志)》, 《시경(詩經)》, 중국 사회과학원 《상대사(商代史)》, 젠보짠(翦伯贊) 《중국사 요강(中國史綱要)》, 뤼쓰몐(呂思勉) 《중국통사(中國通史)》

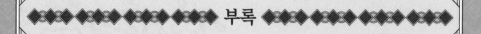
기산(岐山)의 조자면(臊子面)

전설에 따르면 주 사람들이 기산 일대
로 이주한 후 용을 때려잡고 그것으로
육수를 낸 뒤 국수를 끓여 사람들에게
나눠 주었다고 해. 후대 사람들은 돼지
고기로 용 고기를 대신했고, 이것이 오
늘날 기산의 조자면이 되었다고 하네.

원하는 자는 걸려든다

강자아(姜子牙)는 주 왕조의 개국
공신이야. 재능은 있었지만 계속
해서 기회를 만나지 못했는데, 노
년에 고기를 낚다가 문왕을 만나
'태사(太師)'로 봉해졌다고 해.

봉신연의(封神演義)

《봉신방(封神榜)》이라고도 불리는
《봉신연의(封神演義)》는 명 왕조 때의
문인이 무왕의 주(紂) 정벌 사건 등을
토대로 만든 일종의 신마소설(神魔小
說)[24]이자 비역사서에 해당해.

봉
신
연
의

베스트
셀러!!

---

24) 대개 종교적인 이야기나 신화, 전설, 또는 역사에서 소재를 사용했다. 중국 고전소설 가운데서는 낭만
적 요소가 가장 풍부한 부류에 해당한다. - 역주.

야옹이들의 프로필

새알심, 물병자리.

화장의 달인이며

매일 한가롭게 보내는데

반짝이는 물건을 가장 좋아한다.

성적이 뛰어나다.

요리 솜씨는 형편없고

본인의 체중을 가장 걱정한다.

살살~

새알심의 방

제 12 장

●

주공(周公), 나라를 다스리다

중국 사람들이 자주 하는 말이 있어!

> '졸리군. 주공(周公)을
> 뵈러 가야겠어!'[25]

그렇다면 주공은 대체 누굴까?

주의 무왕이 상나라를 멸망시키고
주 왕조를 세운 이야기를 함께 살펴봤지.

> '기원전 1046년,
> 주(周)의 무왕이
> 주(紂)를 공격해
> 상을 멸망시키고
> 주 왕조를 세웠다.'
> 인민교육출판사
> 《고등학교 과정 표준 교과서
> ·필수 역사 1》

새로운 세상이 열렸으니
새로운 일이 생길 수밖에.
골치 아픈 일이 산더미처럼
무왕 앞에 펼쳐졌어.

그런데 그 일을 다 처리하기도 전에
무왕이 그만 세상을 떠났어….

'상을 정복하고
2년 뒤 왕이 병을 얻어
세상을 떠났다.'
《상서(尙書)·금등(金縢)》

건국한 지 2년도 되지 않아
왕이 죽은 탓에
어린 성왕만 남게 되었지.

---

25) '졸리군. 주공(周公)을 뵈러 가야겠어!' 이 말은 주공을 매우 존경해 꿈에서라도 보고 싶다는 말에서 유래한 것. – 역주.

이때 구세주가 등장했어!

'무왕은 일찍 세상을 떠났다.
성왕은 어려서
아직 포대기에 싸여 있었다…
주공(周公)이 바로 동쪽 섬돌에
올라서서 성왕을 대신해
나라를 다스렸다.'
《사기(史記)·
노주공세가(魯周公世家)》

맞아! 바로 우리가 말하는 주공이야!

주공의 성은 희(姬), 이름은 단(旦)으로
(아주 '영양가' 있는 이름[26])이지.)
무왕의 남동생이었어.

'주공(周公) 단(旦)은
주무왕의 동생이다.'
《사기(史記)·
노주공세가(魯周公世家)》

그는 어떤 고양이었을까?

결론적으로 말하면 그는
완벽하고 사랑스러운 고양이었어.
(온화, 선량, 사심 없음)

* Mary sue : 완벽하고, 사랑스러운 면만 있는
이상적인 모습의 주인공.

주공은 어릴 때부터 덕행이 뛰어났고
충심이 깊고, 어질었으며, 공손했어.

아버지, 형님이
오늘 땡땡이를 쳤으나
너그러이 봐주소서.

'문왕이 임금의 자리에
있을 때부터 단은
자식으로서 효도하고,
어질고 성실했다.'
《사기(史記)·
노주공세가(魯周公世家)》

---

26) 희단(姬므)[jīdàn], 달걀(鷄蛋[jīdàn])이라는 뜻의 중국어 단어와 발음이 똑같다. - 역주.

형이 아프면 기도를 올렸고

죽어야 한다면 형 말고 저를 데려가소서.

다만 저는 똑똑하고 다재다능합니다.

'주공이…태왕(太王), 왕계(王季), 문왕(文王)에게 고했다.
사관이 축문을 읽었다. "오, 당신들의 현손인 국왕 발(發)이 국사에 지쳐
병이 나서 힘들어 하나이다. 당신들 세 왕께서 자손을 하늘에 바치려 하신다면
이 단(旦)이 국왕 발의 목숨을 대신하겠나이다.
이 단은 영민하게 일을 처리하고 다재다능합니다.'
《사기(史記)·노주공세가(魯周公世家)》

'당초 성왕이 어렸을 때
병이 났는데 주공이…
"왕이 아직 어려서
사물을 분별할 수 있는
능력이 없습니다.
신의 명을 어긴 자는
이 단이옵니다."
라고 빌었다.'
《사기(史記)·
노주공세가(魯周公世家)》

데려가시려면 저를 데려가십시오!

너무하십니다! 아직 그 어린아이를!

정말 순수하고
아름다운 사랑이지…
하지만 주공은
실제로 정말 유능한 인재였어.

상 왕조를 공격할 당시
함께 공을 세웠고

'주왕(紂王)을 공격해서
목야(牧野)에 이르렀을 때
주공은 무왕을 보좌했고,
《목서(牧誓)》를 지었다.
은(殷)나라를 멸망시키고
그 궁에 들어갔다.'
《사기(史記)·
노주공세가(魯周公世家)》

서주를 세운 뒤에는 일에 몰두했어.

그는 인재 채용에 늘 목이 말랐지.

'천하의 유능한 인재를
잃을까 늘 걱정했다.'
《사기(史記)·
노주공세가(魯周公世家)》

유능한 인재가 의견을 주면
머리를 감다가도 뛰어나왔고

대감,
오셨습니까?

'주공이 백금에게
다음과 같이
주의를 주었다…
"나는 목욕하다가
머리카락을
세 번 움켜쥐고 나서
인재를 맞이했다."'
《사기(史記)·
노주공세가(魯周公世家)》

밥을 먹다가도 그대로 뛰쳐나왔어.

'한 번은 밥을 먹다가
세 번을 뱉어내면서
일어나 인재를
맞이했다.'
《사기(史記)·
노주공세가(魯周公世家)》

형님,
오셨습니까?

다 삼키고
말씀하시게.

주 왕조 향후 발전 로드맵

열심

어쨌든 그는
정말 열심이었지.

하지만 그럴 만한 이유가 있었으니
당시 서주 왕조가 나라를 세운 지 얼마 되지 않아서
긴장할 수밖에 없었던 거야.

이전 왕조의 통치자를 몰아내기는 했으나

'주(周)의 군대가 상의 수도를
공격했다. 상의 주(紂)왕이
도망가서 스스로 자기 몸을
불살라 죽으니 상 왕조가
멸망했다.'
인민교육출판사
《의무교육 과정 표준 실험 교과서
·7학년 상권》

이전 왕조의 귀족들은 여전히 살아 있었지.

그들은 걸핏하면 본인들의 세력에 의지해 소란을 피웠는데

'당시 주가 상나라를
정복한 지 2년밖에
되지 않았기 때문에
은의 귀족 세력은
여전히 강대했다.'

양콴(楊寬)《서주사(西周史)》

'따라서 이 시기 주공이 처한 정세는
순탄치 않았는데…상의 귀족들이 계속해서
나라를 되찾기 위해 반란을 일으켰다.'

양콴(楊寬)《서주사(西周史)》

그 일로 주공은 곰곰이 생각했어.

쉽지 않아…

싸움은 이겼지만 어떻게
이 싸움을 철저히 뿌리 뽑을 수 있을까?

'일정 시기에 이르자
무경, 관숙, 채숙
이 3감(三監)들과 상의 귀족들이
함께 반란을 일으켰다.'
양콴(楊寬)《서주사(西周史)》

지혜로운 그는 두 가지를 시행했어.

첫 번째로
이전 왕조의 귀족들을 이주시키고

멀리
떠나거라!

'멀리
이주시켰다.'
《상서(尚書)·다사(多士)》

주공(周公), 나라를 다스리다

주의 귀족들에게 그들을 관리하게 해서
지방에서 그들의 세력을 약화시켰지.

말 잘
들을게요!

'대신의 일은
주가 처리하겠으니
말을 들어라.'
《상서(尚書)·다사(多士)》

두 번째로
그들의 땅을 빼앗고 보상해주었어.

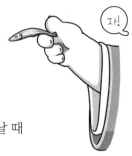

자!

그래서 이전 왕조의 귀족들은 떠날 때
노예를 데리고 갈 수 있었지.

'그들에게 크고 작은 씨족을 거느리게 하고,
여섯 종족의 노예를 다스리게 했다.'
《좌전(左傳)》

그리고 새로운 지역에 가서
관직을 맡을 수 있게 했어.

'예전의 귀족들은 관직을 맡을 자격이 있었고,
조정에 들어갈 수 있었다.'
《상서(尙書)·다사(多士)》

그렇게 당근과 채찍을 쓴 후로
예전 귀족들은
함부로 반란을
일으키지 못했지.

당시 서주가 시행한 정책이 있었는데

분봉제

바로 중앙에서 지정한 제후에게 토지를 주면
제후가 자신이 받은 영토인 봉지(封地)에
새로운 국가를 세울 수 있는 제도였어.

'분봉제도는
제후가 반드시
주나라 왕의 명령에
따라야 한다는 점을
규정했다.'
인민교육출판사
《고등학교 과정
표준 교과서·필수 역사 1》

그러니까 주왕은 제후를 관리하고
제후는 봉지를 관리하는 제도였지.

왕

제후   제후   제후

봉지*   봉지   봉지

* 봉지 : 제후의 영토.

한편 주공은 새로운 귀족들을 예전 귀족들이 있는 곳으로 이주시켰는데

'이로써 그들이 거주하는
지역의 위협을
잠재울 수 있었다.'
양콴(楊寬)《서주사(西周史)》

이로써 예전 귀족들이
반란을 일으키지 못하게 막고

착하지!

더 많은 고양이를 통해 통치 영역을 개척할 수 있었지.

'예전의 귀족들과 관료들을 지역의 봉국(封國)으로 보내
새롭게 배치해서 봉국의 관직을 맡고, 나라의 백성이 되게 했다.
이로써 주 왕조의 통치 지역을 더욱 넓힐 수 있었다.'

양콴(楊寬) 《서주사(西周史)》

이렇듯 현명한 방법으로 주공의
명성과 위엄은 매우 높아졌어.

'공의 명망이
높아져 사방으로
뻗어 나가 전해졌다.'

《상서(尙書)·낙고(洛誥)》

그렇지만 그는 절대
오만하지 않았지!

이후 소왕이 장성하자
주공은 곧바로 신하의 위치로 돌아갔어.

'성왕이 성장해 정치를
할 수 있게 되었다.
이에 주공은 바로
성왕에게 정권을 돌려주니
성왕이 조회에 임했다.'
《사기(史記)·
노주공세가(魯周公世家)》

진짜 뭐가 달라도
다른 인물이지?

이렇게 완벽하고 사랑스러운 주공은
후세에도 길이 높은 평가를 받게 돼.

새롭게 태어날
아기 고양이를
바칠게요!

오빠!

'맹자를 만나 물었다.
"주공은 어떤 사람입니까?"
맹자는 "고대의 성인이시다"
라고 대답했다.'
《맹자주소(孟子註疏)》

'심하구나! 나의 노쇠함이여. 오래도다. 내가 다시는 꿈에 주공을 보지 못함이',
'설사 주공과 같은 훌륭한 재능을 가지고 있다고 하더라도
교만하고 인색하다면 그 나머지는 볼 것이 없다.'
《논어(論語)》

주공(周公), 나라를 다스리다

주공은 주 왕조가
불안정한 초기를 잘 지낼 수 있도록 도왔고

'당시 주는
이미 나라를
이뤘지만 기초가
불안정했다.'
바이서우이(白壽彝)
《중국통사(中國通史)》

특히 분봉제를 강화해서
국가의 갈등을 완화했으며

국가의 영토를 넓히는 데 이바지했어.

> '주 왕조가 광대하고 강성한 국가가
> 될 수 있었던 것은 분봉제를
> 시행한 것과 밀접한 연관이 있다.'
> 양콴(楊寬)《서주사(西周史)》

이것은 이후 주의 발전에
아주 중요한 기초가 돼.

> '각 지역의 생산 관계를
> 어느 정도 조정함으로써
> 생산력을 한층
> 발전시킬 수 있었다.'
> 양콴(楊寬)《서주사(西周史)》

하지만 주 왕조의 멸망을 이끈
복병이 되기도 하지.
왜 그랬을까?

이어서 계속

주공(周公), 나라를 다스리다

편집자의 말 ◇◇◇◇◇◇◇◇◇◇◇◇◇◇◇◇◇◇◇◇◇◇◇◇◇◇◇◇◇◇◇◇◇◇

　　주공에 관해 이야기하면 아마 《주례(周禮)》와 《주공해몽(周公解夢)》을 떠올리는 사람이 많을 것이다. 처음 《주례(周禮)》의 이름은 《주궁(周宮)》이었는데, 크게는 천문과 기상에서부터 작게는 초목과 물고기, 벌레에 이르기까지 내용이 매우 풍부했다. 현대 학자들의 연구 결과, 이 책은 전국 후기에 만들어진 것으로 나타났다. 《주공해몽(周公解夢)》은 사실 주공과는 더 거리가 멀다. 《둔황 점괘 문헌과 사회생활》이라는 책을 보면 《주공해몽(周公解夢)》이 삼국 오나라 시기에 지어진 것이 아니라는 기록이 있다. 주공이 섭정했던 시기에 왕으로 불렸느냐, 아니냐에 관해서는 의견이 분분한데, 한 학자가 저서를 통해 네 가지 학설을 정리해서 제기했다.

　　첫째, '주공은 섭정시기에 왕으로 불렸다'는 설(순자(荀子), 한비자(韓非子), 쩬보짠(翦伯讚) 등이 지지), 둘째, '주공의 섭정 말기에 왕으로 불렸다'는 설(사마천(司馬遷), 왕궈웨이(王國維), 쳰무(錢穆) 등이 지지), 셋째, '주공 섭정 시기에 큰일이 나라에 있을 때 왕으로 불렸다'는 설(정쉬안(鄭玄)이 지지), 마지막으로 '주공과 주성왕이 같이 왕으로 불렸다'는 설(구제강(顧頡剛)이 지지)이다. 여기서는 사마천의 《사기(史記)》에 나온 관점을 채택했다.

주공 역_꽃빵

참고 문헌 : 《상서(尚書)》, 《사기(史記)》, 《좌전(左傳)》, 《논어(論語)》, 《맹자주소(孟子註疏)》, 인민교육출판사 《고등학교 과정 표준 교과서·필수 역사 1》, 인민교육출판사 《의무교육 과정 표준 실험 교과서·7학년 상권》, 양콴(楊寬) 《서주사(西周史)》, 바이서우이(白壽彝) 《중국통사(中國通史)》

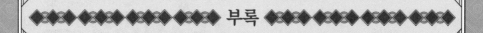
월(鉞)

월은 베는 용도로 사용한 무기로 쇠 날의 머리가 상당히 컸어. 전투력이 창이나 방패보다 못해서 시간이 지나면서 점점 장식용품이나 형벌 기구로 사용되었지. 춘추전국 이후에는 제왕의 권위를 상징하는 물건이 되었어.

주공해몽(周公解夢)

《주공해몽(周公解夢)》은 책의 이름이지만 주공이 지은 것은 아니야. 이 책은 적어도 삼국 오나라 시기 이후에 지어졌을 거라고 추측하고 있어. 하지만 주 왕조 때는 실제로 전문적으로 꿈을 해몽하는 관원이 있어서 나라에 큰일이 있을 때 이 관원에게 꿈을 해몽하도록 했다고 해.

성명권 침해로 고소할 거야!

주공의 팬

주공은 덕행과 재능 덕분에 많은 '팬'이 생겼는데, 그중 유명한 팬이 공자와 맹자야. 공자는 본인이 늙어 더는 꿈에서 주공을 보지 못하게 되었다며 한탄했고, 맹자는 주공이 '고대의 성인'이라고 직접적인 고백을 하기도 했지.

주공 멋져

야옹이들의 프로필

꽃빵, 사자자리.

집에 돈이 많고

아버지가 금융계 큰손이라는
소문이 있다.

각종 전자제품을
너무 좋아하며

주변에 항상
고양이들이 따른다.

심미적 안목은
좀 떨어진다.

정말 우아하군…

지인들에게
밥을 잘 산다.

꽃빵의 방

주 왕조가 세워진 초기에

안정적인 통치를 위해
전면적으로 시행한 정책이
분봉제였어.

간단히 말하자면 주의 천자가
제후들에게 토지를 나눠준 거야.

이 넓은 세상,
직접 가서 보시게.

감사합니다.
전하.

'주나라 왕이
주변의 땅을
제후에게
나눠 주었다.'
젠보짠(翦伯贊)
《중국사 요강(中國史綱要)》

그렇게 제후들은 각각 나눠 받은 땅인 봉지의 지도자가 되었어.

'제후들은
자신이 맡은 봉국 내에
왕실과 유사한 관사를
설치했고,
군대를 거느렸다.
그들은 각자 지역의
왕이었다.'
젠보짠(翦伯贊)
《중국사 요강(中國史綱要)》

평소에는 왕에게 '보호 비용'을 바쳤고

전쟁이 일어나면 왕을 도와 싸웠지.

'언제든지 자신의
무사와 군대를 데리고
왕의 명령에 따라
전쟁에 참여할
준비를 해야 했다.'
젠보짠(翦伯贊)
《중국사 요강(中國史綱要)》

주왕은 편안히 중앙에 앉아 있었고
제후들은 영토를 개척하고 왕을 보호하고 지켰어.

'주나라 왕은 봉건제도의
최고 위치에 있었다. 명의상으로는
전국의 토지와 백성의
최고 소유자였다.'
젠보짠(翦伯贊)《중국사 요강(中國史綱要)》

'평소에는 영토를 개척하고
전쟁이 일어나면 왕을 따라
전쟁에 나갔다.'
인민교육출판사
《의무교육 과정 표준 실험 교과서
·7학년 상권》

'서주는 제후를 통해
변두리 지역을 개발하고
통치를 강화함으로써
강성한 국가가 되었다.'
인민교육출판사
《의무교육 과정
표준 실험 교과서
·7학년 상권》

이렇게 하면 나라가 영원토록
유지될 것 같지 않아?

물론 아니야.

주나라는 '8시 연속극'이 방영되면서
소용돌이에 빠지지.

연속극의 이름은
그 유명한 '봉화희제후'.

烽火戏诸侯
THE STORY OF KING YOU OF ZHOU
봉화희제후

* 봉화희제후 : 봉화로 제후들을 놀린다.

부제는…

양치기 소년이 된 왕

사건의 주인공은
바로 주의 12대 국왕

아둔한 군주, 유왕(幽王)이었지!

그가 즉위했을 때
주 왕조는 나라 안팎으로
여러 가지 어려움에 시달리고 있었어.

'유(幽)가 왕에 올랐을 때
나라가 멸망했다.
그러나 사실 주의 쇠퇴는
이왕(夷王) 때부터
이미 시작되었다.'
쉬줘윈(許倬雲) 《서주사(西周史)》

내부적으로는 자연재해가 일어났고

'가뭄과 지진이
동시에 일어나
농업에 심각한
피해를 입었으며,
이로 말미암아
백성들은 굶주림에
시달렸다.'

젠보짠(翦伯贊)
《중국사 요강(中國史綱要)》

외부적으로는 적들이 침범했어.

'자연재해와 동시에
서북의 유목 부족의 침략이
더욱 심각해져 갔다.'

젠보짠(翦伯贊)
《중국사 요강(中國史綱要)》

그런데도 유왕은
재물에 눈이 멀어 있었어.

'유왕은 일식에 지진이 일어나 강물이 끓어오르고
산이 무너지는데도 포사(褒姒)와 함께 온갖 악행을 저질렀으며,
재물을 빼앗아 중원으로 나르기 바빴다.'

양콴(楊寬) 《서주사(西周史)》

그의 우둔함을 벌하기 위해
신은 그에게 표정이 없는 기생 포사(褒姒)를 주었지.

'3년, 유왕은
포사(褒姒)를 총애했다.'
《사기(史記)·주본기(周本紀)》

포사는 아름다운 외모를 지녔지만
전혀 웃지 않았어.

그녀의 도도함은
제멋대로인 유왕의 주의를
끌기에 충분했지.

유왕은 그녀의 환심을 살 온갖 방법을 생각했지만

그녀는 절대 웃지 않았어.
(온갖 방법을 다 써도 말야.)

'포사는 잘 웃지 않았다.
유왕이 온갖 방법으로
그녀를 웃게 하려 했으나
웃지 않았다.'
《사기(史記)·주본기(周本紀)》

어떻게 하지?

당시에는 봉화대(烽火臺)라고 불리는
비상 상황을 알려주는 시스템이

일정한 위치마다 하나씩 놓여 있었지.

만약 중앙에 위기가 생기면
봉화대에 불을 붙여
제후들이 병사를 이끌고 나오게 되어 있었어.

그런데 말이야.
유왕이 이것으로 그녀의 환심을 사기로 한 거야.

매번 신호를 받고 달려 나온 제후들은 어이가 없었어.
(대체 누가 그런 거야?)

그런데 당황하는 제후들을 보며
포사가 재미있다는 듯 웃음을 터트렸지.

'유왕은 봉수(烽燧)와
큰 북을 준비해
적이 온다면서
봉화를 올리게 했다.
제후가 모두 달려왔지만
적은 보이지 않았다.
이에 포사가
크게 웃었다.'
《사기(史記)·주본기(周本紀)》

유왕은 그 '위험한 놀이'에
완전히 빠졌어.

심지어 포사에게 빠져버린 나머지
황후와 태자를 버리기까지 했지.

결국 그 일로
황후의 친정은 크게 분노했고

제후 중 하나였던 황후 가문에서
외부 지원군을 데리고 왕궁으로 쳐들어갔어.

'유왕이 포사를 사랑해서
신후를 폐하고, 태자 의구(宜臼)를
제거해서 포사를 왕후로,
백복(伯服)을 태자로
삼으려고 했다.'
《사기(史記)·주본기(周本紀)》

이때 유왕은 봉화를 켰지만
아무도 달려오지 않았어.

‘유왕이 봉화에
불을 올렸으나
병사가 오지 않았다.’
《사기(史記)》

도와주는 병사가 없었기에

유왕은 궁으로 쳐들어온 ‘황후의 친정 군대’에 그대로 당할 수밖에 없었지.

‘유왕을 여산(驪山)
아래에서 죽였다.’
《사기(史記)·주본기(周本紀)》

(바람 피운 자의 최후다!)

유왕을 몰아낸 제후들은 원래의 태자를 왕으로 모시고
그는 새로운 주나라의 임금이 되었어.

'이에 제후는
신후(申后)에게로 가서
유왕의 태자였던
의구를 왕으로 모셨다.
이 사람이 평왕(平王)으로
주의 제사를
받들게 되었다.'
《사기(史記)·주본기(周本紀)》

그런 뒤 주 왕조의 수도를 동쪽으로 옮겼지.

'평왕은 즉위하면서
낙읍으로 수도를 옮겨
오랑캐인 융적을 피했다.'
《사기(史記)·주본기(周本紀)》

이 사건을 평왕이
동쪽으로 수도를
옮겼다고 해서
'평왕동천'이라고 해.

이 일을 기준으로 해서 주 왕조의 역사는
하나에서 둘로 나뉘어.

주

이전의 주 왕조는 서주(西周)

서주 西周

동쪽으로 옮긴 뒤에는 동주(東周)가 된 거야.

서주 동주
西周 东周

동주가 시작되었다는 것은 주 왕실의
통치가 무너지기 시작했다는 것을 의미해.

제후   주왕

분봉제는 회사가 증권거래소에서 상장한 이후
주식을 직원들에게 나눠주는 것과 같아.

'제후에게 제후국을
세우게 하고, 왕실을
호위하도록 했다.'
인민교육출판사
《고등학교 과정
표준 교과서·필수 역사 1》

직원들이 주가를 올리기 위해
더 열심히 일하는 것과 같은 이치지.

소매
걷어 올리고!

파이팅!

'봉토를 받은 제후는 자신의 영지 안에서
상당히 큰 독립성을 누릴 수 있었다.'
인민교육출판사《고등학교 과정 표준 교과서·필수 역사 1》

그래서 주 왕조는 '분봉제' 덕분에 영토를 끊임없이 확장할 수 있었어.

그러나 동시에 제후들 역시 강대해졌지.

'땅은 제한적이었으나 왕의 신하들은 대대로 토지를 점령해나갔다.
시간이 지나자 왕실이 직접 통치할 수 있는 영토가 점점 줄어들었다.'
쉬줘윈(許倬雲) 《서주사(西周史)》

'제후국의 세력이 점차 커지면서 서주 후기에 이르러서는
왕권이 쇠락해 분봉제가 무너졌다.'
인민교육출판사 《고등학교 과정 표준 교과서·필수 역사 1》

결국
주나라 왕은 제후들을 통제할 힘을 잃고

세상은 많은 영웅들이 싸우고 다투는 '군웅할거'의 시대에 접어들지.
(서로 죽고 죽이는 시대야!)

'평왕 때 주 왕실은 쇠약해졌고, 제후 중 강한 자가 약한 자를 억눌러 합치니
제(齊), 초(楚), 진(秦), 진(晉)이 강대해지기 시작했고,
정치는 지방의 지도자인 방백(方伯, 패주)에 의해 좌우되었다.'
《사기(史記)·주본기(周本紀)》

그럼 동주는
어떤 이야기를 풀어나갔을까?

이어서 계속

편집자의 말 ◇◇◇◇◇◇◇◇◇◇◇◇◇◇◇◇◇◇◇◇◇◇◇◇◇◇◇◇

'봉화희제후'의 진실성에 대해서는 역사학계에 여러 의견이 존재한다. 첸무(錢穆) 선생의 《국사대강(國史大綱)》에는 '제후의 병사들은 봉화를 볼 수 없었다. 병사들은 숙소에 들어가 쉼을 청하고 있었는데 어찌 이를 볼 수 있었겠는가? 봉화에 관한 이야기는 한인(漢人) 비흉노(備匈奴)들 사이에 구전된 이야기일 뿐이다. 더군다나 여산(驪山)에서는 유왕이 직접 병사를 일으켰기 때문에 봉화를 할 이유가 없었다. 이 이야기가 구체적으로 어떻게 전해졌는지에 관해서는 확실하게 알 길이 없다'라는 설명이 나온다. 리펑(李峰)의 《서주의 멸망》이라는 책에서도 서주에 봉화대가 있었다는 것이 확실하다는 증거가 없다는 대목이 나온다.

그러나 《사기(史記)》의 기록이 후세에 전해지면서 논리적인 추론에 의존하는 연역을 거쳐 더욱 확산되었고, 현재 중학교 역사책에도 '서주 말기의 군주 유왕은 어리석고 난폭했다. 그는 웃지 않는 포사를 즐겁게 해주기 위해 봉화에 불을 붙였다'라고 묘사하고 있다. 따라서 우리는 '봉화희제후'가 이미 대중에 널리 알려지고 받아들여진 점과 《사기(史記)》와 교과서의 내용을 참고해 이야기를 구성했다.

신후 역-전병

포사 역-우롱차

유왕 역-만두

참고 문헌 : 《사기(史記)》, 젠보짠(翦伯贊) 《중국사 요강(中國史綱要)》, 인민교육출판사 《의무교육 과정 표준 실험 교과서·7학년 상권》, 쉬줘윈(許倬雲) 《서주사(西周史)》, 양콴(楊寬) 《서주사(西周史)》, 인민교육출판사 《고등학교 과정 표준 교과서·필수 역사 1》

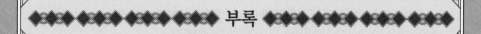
왜 '동주'일까?

주공이 정치를 돕던 시기에 그는 상나라 귀족을 동쪽의 낙읍(洛邑) 일대로 보낸 적 있어. 이로써 동방 지역에 대한 통치를 강화했지. 서주 말년에 이르러 자연재해가 덮치자 귀족 평민 할 것 없이 모두 동쪽으로 피난을 떠났고, 평왕 역시 동쪽으로 이주하게 된 거야.

서주의 보물

서주 말년에 평민과 귀족은 모두 피난을 떠났어. 급히 떠나는 바람에 청동기를 가져가지 못하고 상당한 양을 땅속에 묻어두었지. 그리고 1950년대부터 고고학자들이 주나라가 있던 자리에서 잇따라 3,000여 점의 청동기를 발견했어.

나라가 망할 거라는 예언

유왕이 즉위하고 2년이 되자 지진이 일어나 산이 붕괴하고 강이 말라버렸지. 그러자 누군가는 '물이 부족하고 백성들이 가난에 시달리다가 10년 안에 멸망할 것'이라고 예언했대. 얼마 안 가서 서주는 곧 멸망하게 되었어.

고양이가 중국사의 주인공이라면 ❶

제1판 1쇄 2020년 7월 31일
제1판 2쇄 2023년 3월   6일

지은이   페이즈(肥志)
옮긴이   하은지
감수   송은진
펴낸이   장세린
편집   배성분
디자인   얼앤똘비악

펴낸곳   (주)버니온더문
등록   2019년 10월 4일(제2020-000051호)
주소   서울특별시 용산구 청파로93길 47
홈페이지   http://bunnyonthemoon.kr
SNS   https://www.instagram.com/bunny201910/
전화   010-3747-0594 팩스 050-5091-0594
이메일   bunny201910@gmail.com

ISBN 979-11-969927-1-2 (04910)
ISBN 979-11-969927-0-5 (세트)

책값은 뒤표지에 있습니다.
파본은 구입하신 서점에서 교환해드립니다.

이 도서의 국립중앙도서관 출판예정도서목록(CIP)은 서지정보유통지원시스템 홈페이지(http://seoji.nl.go.kr)와
국가자료공동목록시스템(http://www.nl.go.kr/kolisnet)에서 이용하실 수 있습니다.
(CIP 제어번호 : CIP2020026934)